Sina Mainitz

SCHWIMM LIEBER IM MEER ALS IM GELD

Sina Mainitz

SCHWIMM LIEBER IM MEER ALS IM GELD

Wie du findest,
was dich wirklich
glücklich macht, und
wie du es finanzierst

Bibliografische Information der Deutschen Nationalbibliothek
Die Deutsche Nationalbibliothek verzeichnet diese Publikation in der Deutschen
Nationalbibliografie. Detaillierte bibliografische Daten sind im Internet über
http://dnb.d-nb.de abrufbar.

Für Fragen und Anregungen
info@finanzbuchverlag.de

Originalausgabe, 1. Auflage 2023

© 2023 by FinanzBuch Verlag, ein Imprint der Münchner Verlagsgruppe GmbH
Türkenstraße 89
80799 München
Tel.: 089 651285-0
Fax: 089 652096

Redaktion: Diana Napolitano
Korrektorat: Anke Schenker
Umschlaggestaltung: Pamela Machleidt
Umschlagabbildung: shutterstock/Uhryn Larysa; shutterstock/Iurii Vlasenko;
Foto Autorin: © ZDF/Jana Kay
Satz: ZeroSoft, Timisoara
Druck: CPI books GmbH, Leck
Printed in the EU

ISBN Print 978-3-95972-657-3
ISBN E-Book (PDF) 978-3-98609-263-4
ISBN E-Book (EPUB, Mobi) 978-3-98609-264-1

Wir produzieren
nachhaltig
www.m-vg.de

Weitere Informationen zum Verlag finden Sie unter

www.finanzbuchverlag.de

Beachten Sie auch unsere weiteren Verlage unter www.m-vg.de

Inhalt

Vorwort

»**F**rau Mainitz, schneiden Sie sich die Haare ab. Frauen mit langen Haaren machen im ZDF keine Karriere!«

Peng! Das hat gesessen. Nach diesen Worten rauschte er wieder ab in sein Büro und schloss die Tür hinter sich. Ich blieb mit einem verdutzten Gesicht und einer gewissen Ratlosigkeit zurück. Wir schrieben das Jahr 2000 und ich war damals 23 Jahre alt. Es war lange vor »Me too«. Meine Haare ließ ich weiterwachsen und mich nicht einschüchtern.

Zum Glück wissen wir heute, dass »Karriere machen« innerhalb und außerhalb des ZDF keine Frage der Haarlänge ist. Hinzu kommt, dass der Begriff »Karriere« für jeden von uns eine ganz individuelle Entscheidung ist. Der lateinische Begriff »carrus« (Wagen) steht für Fahrstraße. Wohin diese Straße führt und wie voll man seinen Wagen packen möchte, ist bei allen Menschen ein bisschen verschieden. Du hast die Wahl: Fährst du immer geradeaus weiter oder biegst du im Laufe deines Lebens auch mal nach rechts oder links ab oder kehrst du um und nimmst irgendwann eine andere Richtung? Wie viel Gepäck nimmst du mit auf deine Reise und was brauchst du wirklich, wie viel Geld und wie viel Glück?

Anfang September 2008 startete ich im ZDF als Börsenreporterin. Zwei Wochen später ging die US-Bank Lehman Brothers bankrott und löste eine weltweite Finanzkrise aus. Es war für mich als Journalistin ein Sprung ins kalte Wasser, denn mit diesen Turbulenzen und Kursrutschen hatten damals selbst eingefleischte

Börsianer nicht gerechnet. Geld und vor allem Geldvernichtung wurde zum Hauptthema der Nachrichten.

Im Laufe der Jahre als Börsenreporterin habe ich dann festgestellt, dass sich sowohl der Begriff »Karriere machen« als auch der Wunsch, sein Geld möglichst gewinnbringend anzulegen und es stetig zu vermehren, bei vielen Menschen verändert hat. Besonders die Jüngeren unter uns geben Geld oftmals einen ganz anderen Stellenwert und nutzen es verschiedentlich, als es noch bei vielen meiner Generation und den vorangegangenen der Fall war. Bei ihnen steht die »Work-Life-Balance« und der gesellschaftliche Nutzen als Priorität deutlich höher als die Gewinnmaximierung. Das ist wenig verwunderlich. Geld ist längst nicht mehr das wert, was es einmal war. Wir haben eine Inflationsrate, die während des Schreibens dieses Buches zwischen 7 und 10 Prozent liegt.

Hinzu kommt: Wir leben in Zeiten von immer noch recht niedrigen Zinsen, dafür aber immer höheren Temperaturen. Die Klimakrise ist allgegenwärtig und wir hoffen, dass aus der derzeitigen Krise einzelner Geldhäuser keine neue Finanzkrise wird. Wir sind in den vergangenen Jahren von einer Corona-Welle zur nächsten geschwappt und haben lange gewartet, bis aus der Pandemie endlich eine Endemie wird und wir uns wieder maskenfrei begegnen können.

Wir haben Lockdowns hinter uns, einen furchtbaren Krieg mitten in Europa um uns und eine weltweit angespannte Wirtschaftslage. Statt »Wie mache ich mehr aus meinem Geld?« heißt es für viele immer öfter »Wie mache ich mehr aus meinem Leben?«. Dieses Buch soll eine kleine Anregung dazu sein. Der Titel »Schwimm lieber im Meer als im Geld« kommt aus tiefstem Herzen. Er kam mir tatsächlich beim Schwimmen im Meer in Südfrankreich im Sommer 2022 in den Sinn. Ich bin davon überzeugt, dass die meisten Dinge, die uns glücklich machen, nicht mit Geld zu bezahlen sind, allem voran die Gesundheit.

Gänzlich ohne Geld geht es aber auch nicht. Jeder von uns muss seinen Lebensunterhalt bestreiten. Es ist nicht immer einfach, über die Runden zu kommen und ein entspanntes Leben zu führen. Für einen zunehmenden Teil der Bevölkerung wird es immer schwieriger. Die Schere zwischen arm und reich geht bedauerlicherweise immer weiter auseinander. Doch wie viel Geld ist wirklich wichtig? Was bedeutet es, »reich zu sein«, und worin können wir sinnvoll investieren?

Um Antworten auf diese Fragen zu finden, soll dieses Buch eine unterhaltsame Lektüre sein. Ich gebe dir Finanztipps und Lebenstipps mit auf den Weg.

Ich danke allen, die mir durch unsere Interviews als Inspirationsquelle gedient haben. Ihr bereichert das Buch und seid ein Teil davon geworden.

Noch ein Hinweis: Der Verlag und ich haben uns darauf verständigt, dass ich in diesem Buch nicht gendere. Wir finden, es behindert den Lesefluss. Ich möchte aber ausdrücklich darauf hinweisen, dass ich immer alle Geschlechter ansprechen möchte, seien sie männlich, weiblich oder divers.

Viel Spaß beim Lesen!
Sina Mainitz

Wie ich an die Börse kam

»**D**a kommt mir jetzt ein Geistesblitz. Könnten Sie sich vorstellen, für uns von der Börse zu berichten? Wir suchen eine Frau, die BWL studiert hat und die für uns künftig in der Frühschicht die Börsenberichterstattung übernehmen kann. Diejenige, die es jetzt macht, möchte bald in den Vorruhestand gehen.«

Das war im Frühsommer des Jahres 2008, und ich hatte ein Entwicklungsgespräch bei meinem damaligen Chef. Ich liebte meinen Job und meine Redaktion, aber nach einigen Jahren als Redakteurin fürs Boulevardfernsehen wollte ich »mal wieder etwas fürs Hirn« machen und suchte eine neue berufliche Herausforderung. Für seinen damaligen »Geistesblitz« bin ich Elmar noch heute dankbar. Er lenkte mein Leben für ganz viele Jahre in eine sehr entscheidende und vor allem ereignisreiche Bahn mit großartigen Begegnungen.

Auf den »Geistesblitz« folgte das beim TV übliche Casting, wenn es um die Besetzung einer neuen Position und vor allem Person an neuer Stelle geht. Einige Wochen später war es dann so weit. Was habe ich angezogen? Im Zweifelsfall war es ein roter Blazer oder ein rotes Kleid. Ich weiß es nicht mehr so genau. Rot ist jedenfalls *die* Kamerafarbe schlechthin und wirkt immer frisch.

Auch wenn ich privat kein Fan von Rot bin, als »Dienstkleidung« ist sie in meinem Beruf immer ein Knaller. Wenn du müde bist, dich blass fühlst oder sonst irgendwie einen Durchhänger hast, Rot hilft dir darüber meistens hinweg und motiviert. Probiere es ruhig einmal aus, es funktioniert nicht nur beim Fernsehen.

Wer auffallen möchte, trägt Rot. Das war beim Casting jedenfalls auch von Vorteil.

Ich trug also Rot und lief in die Maske auf dem Mainzer Lerchenberg. Die Damen dort kannte ich schon von der »Nachtlücke«. Das klingt vielleicht etwas merkwürdig für Laien, war damals aber nichts anderes als eine Mini-Version der *heute*-Nachrichten zwischen etwa ein, zwei Uhr nachts und fünf Uhr morgens. Zwei- bis dreimal im Monat moderierte ich diese Nachtschicht-Ausgabe der Nachrichten im ZDF. Allein im Großraumbüro in der Redaktion und zusammen mit einer studentischen Aushilfskraft wählte ich die Nachrichtenthemen aus, schrieb die News und präsentierte sie dann in etwa zweimal pro Schicht für je drei Minuten.

Den Teleprompter, also die in der Kamera eingebaute Laufschrift, wo du den durchlaufenden Text ablesen kannst, bediente ich selbst mit dem Fuß, die Geschwindigkeit stellte ich via Rädchen manuell vorher ein. »Gaspedal« treten, loslassen, so musst du dir das vorstellen. Mindestens 15 Jahre ist das alles nun her.

Meine treuesten Zuschauer waren zu dieser Zeit damals meine Eltern, denn es war zwar Primetime in den USA aber wirklich tiefste Schlafenszeit hierzulande. Nur Nachteulen und »echte Fans« konnten da noch den Nachrichten folgen. Mit Beginn der *Morgenmagazin*-Schicht fuhr ich dann zurück nach Hause, schminkte mich ab und ging schlafen, als die anderen schon fast wieder aufgestanden sind.

Aus dieser Zeit kannte ich also die sehr netten Maskenbildnerinnen, die mir für mein Casting für die Börsennews Glück wünschten. Sie haben mich an diesem Tag an Haut und Haar hübsch herausgeputzt und ich war nun bereit für die inszenierte Schalte.

Ich stand dem Reporter aus dem Nachrichtenstudio der *heute*-Sendung Rede und Antwort. Es war so gespielt und inszeniert wie bei einer echten Börsenschalte, als würde ich vom Frankfurter

Parkett aus berichten. Natürlich war ich aufgeregt, schließlich war es wie eine Art Prüfung, die ich ablegen musste, und ich wollte diesen Job gerne haben. Ab September an neuer Stelle im ZDF, mein Studium der BWL in Kombination mit Kamera mitten aus Frankfurt – das war es doch.

Und irgendwie hat es mit dem Casting und mit dem neuen Job dann ja auch funktioniert. Was ich nicht ahnen konnte: wie turbulent mein Start an der Börse dann tatsächlich werden würde. Jede zweite Woche sollte ich nun für das *ZDF Morgenmagazin*, Phoenix, die 12-Uhr-*heute*-Sendung und das *Mittagsmagazin* die aktuellen Geschehnisse live vom Frankfurter Parkett und der Alten Börse bei Bulle und Bär aus beobachten, einordnen und berichten.

Ich war sehr aufgeregt und neugierig auf die neuen Kollegen, als ich das erste Mal dort ankam. Es war eine kleine Truppe verschiedenster Charaktere, die man schon mehr oder minder vorher vom Schirm oder aus einzelnen Redaktionen kannte. Die meisten von ihnen waren nett zu mir, zeigten mir alles, was an meinem neuen Arbeitsplatz künftig wichtig sein würde, und führten mich herum.

Doch mir schlug nicht nur Freude entgegen – kurioserweise ist derjenige, der mich mit dem größten Argwohn empfing, heute einer meiner liebsten Kollegen. Damals war es mit uns alles andere als »Liebe auf den ersten Blick«. Er dachte sich wohl, da kommt jetzt so ein junges Ding, was zufällig Betriebswirtschaftslehre studiert hat, und will mir meinen Job erklären. Das kann ja heiter werden. Schneller, als es ihm und mir lieb war, wurde es dann nicht heiter, sondern sehr schnell beruflich sehr ernst!

Wenn die Finanzkrise zur Lebenskrise wird

Das Kartenhaus bricht zusammen

Wir schreiben den 15. September 2008. Es war ein Montag, aber keineswegs ein Tag wie jeder andere. Ich hatte gerade zwei Wochen vorher an der Börse gestartet, da folgte der Sprung ins kalte Wasser.

Bei uns in der Redaktion liefen die Fernseher, sechs insgesamt, mit verschiedensten Nachrichtensendern einprogrammiert. Schon seit 2007 gab es immer wieder heftige Turbulenzen rund um den amerikanischen Immobilienmarkt. Die Zinsen für Interbankfinanzkredite, also die Zinsen, zu denen sich Banken untereinander Geld leihen, stiegen sprunghaft an.

Ich weiß noch, wie damals meine liebe Kollegin, Brigitte Weining, die ich dann beerben durfte, ihres Zeichens ein alter Hase auf dem Parkett und die »Grande Dame« an der Börse, mir, dem Küken, erzählte, »wenn das Vertrauen der Geldhäuser untereinander futsch ist, dann ist es aus, dann geht nichts mehr. Wenn keine Bank der anderen mehr ihr Geld leihen will, dann ist es vorbei!«.

Okay, das hatte ich verstanden, das ganze Ausmaß jedoch noch nicht. Aber was es tatsächlich für die weltweiten Finanzmärkte bedeuten würde, wusste am Anfang wohl kaum jemand. Das nächste Schlagwort, was folgen sollte, war: Immobilienblase! Hierzu kam es, weil die Preise für Immobilien in den USA zwischen den

1990er-Jahren und 2006 sprunghaft angestiegen waren. Befeuert durch niedrige Zinsen wurden in den USA alte Kredite mit neuen Krediten refinanziert.

Fast jeder, egal ob liquide oder nicht, mit Sicherheiten oder ohne, bekam von seiner Bank des Vertrauens Geld für ein Häuschen. Auf eine finanzielle Luftnummer wurde die nächste finanzielle Luftnummer gestützt. Stabile Finanzen sehen anders aus. Wie eine Sandburg, die vom Meer unterspült wird und dann langsam in sich zusammenfällt, rieselte diese »Alles-auf-Pump-Welt« langsam dahin.

Was das Kartenhaus letztendlich mit zum Einsturz brachte, war die Rolle der Ratingagenturen. Es sind Firmen, die einschätzen, wie finanzstark ein Unternehmen ist. Durch ihre Top-Ratings, also ihre damals falsche Einschätzung der Zahlungsfähigkeit eines Unternehmens, einer Bank oder eines Staates, haben sie die Finanzkrise mit zu verantworten. Die Spitze des Eisbergs war dann der Morgen des 15. Septembers des Jahres 2008 – der Tag der Lehman-Pleite.

Die Lehman-Pleite

Lehman Brothers war eine US-amerikanische Investmentbank mit Hauptsitz in New York City. Das 1850 von Söhnen eines deutschen Einwanderers gegründete Unternehmen musste am 15. September 2008 infolge der Finanzkrise Insolvenz beantragen. Im Jahr 2007 beschäftigte die Bank weltweit rund 28.000 Angestellte. Wenige Tage nach ihrem Zusammenbruch waren es dann nur noch etwas mehr als 150. Ich kann mich noch gut an die Bilder erinnern, die damals um die Welt gingen.

New York City, der hell erleuchtete Times Square und die Bankangestellten, die mit versteinerten Mienen auf der Straße liefen. In

Kisten schleppten sie ihr zusammengepacktes Hab und Gut aus ihren Schreibtischen in eine ungewisse Zukunft. Zack, aus, vorbei. Das war es dann mit dem Job.

Die damalige US-Regierung unter Präsident George W. Bush hatte bereits Wochen zuvor drei große US-Banken mit Milliardenhilfen an US-Dollar vor dem finanziellen Aus gerettet. Heute klingen die Namen der Geldhäuser fast wie tragische Comicfiguren: Bear Stearns, Fannie Mae und Freddie Mac. Dann kam die Schieflage von Lehman Brothers, und der politische Druck, schon wieder Milliarden an US-Dollar in eine Bank zu stecken und sie vor dem Ruin zu retten, wurde zu groß. »Too big to fail«, hieß es bislang seitens der Regierung, doch dieses eine Mal entschied sie sich entgegen ihres bisherigen Grundsatzes.

»Too big to fail« heißt eigentlich, dass ein Marktteilnehmer derart groß, wichtig, mächtig, einflussreich und wirtschaftlich verstrickt ist, dass seine Insolvenz gravierende Folgen für die Gesamtwirtschaft haben würde. Der finanzielle Ausfall ist also unbedingt durch staatliches Eingreifen zu verhindern.

Doch Lehman Brothers brachte das Fass zum Überlaufen und kam mit seinen Hilferufen zu spät. »Den Letzten beißen die Hunde« oder »Wer zu spät kommt, den bestraft das Leben!«, zwei Sätze, die an anderer Stelle in die Geschichtsbücher eingegangen sind, trafen auch hier zu.

Lehman kam zu spät und so »fiel« dieses US-Bankhaus in die Insolvenz. Die Lehman-Pleite und der dadurch hervorgerufene Schaden werden auf 50 bis 75 Milliarden US-Dollar geschätzt. Der Schuldenberg, den Lehman hinterließ, wird auf über 200 Milliarden US-Dollar beziffert.

Es dauerte nicht lange und die Verantwortlichen sollten ihre Entscheidung, Lehman Brothers nicht durch Staatshilfe gerettet zu haben, mehr als bereuen. Denn die Folgen dieser Insolvenz blieben nicht auf die größte Volkswirtschaft der Welt, die USA, begrenzt. Der Zusammenbruch schlug immer höhere Wellen und sie schwappten auf andere Kontinente über – bis hin zu einer großen, globalen Finanzkrise.

Hackte eine Krähe bislang der anderen kein Auge aus, misstrauten sich die Geldhäuser nun alle untereinander. Der Finanzmarkt trocknete schrittweise aus. Es war dadurch zu spüren, dass weltweit weniger Kredite vergeben wurden. Doch damit nicht genug: Das Misstrauen blieb nicht nur allein unter den Banken. Bankkunden rund um den Globus hatten Angst um ihr erspartes Vermögen und befürchteten, am nächsten Morgen mit der Nachricht aufzuwachen, dass ihre Bank pleitegegangen sei. Auch im Februar und März dieses Jahres müssen wir uns wieder mit dem Thema Bankenkrise befassen. »Too big to fail« hört man erneut wieder in der Finanzwelt. Die Pleite der US-Banken Silicon Valley Bank und Signature Bank sowie der Niedergang der Schweizer Großbank Credit Suisse und deren Übernahme durch die UBS machen Schlagzeilen. Der mit dem historischen Zinsanstieg der weltweiten Notenbanken einhergehende Bankenstress wird uns nun wieder eine Weile begleiten. Er wird vor allem negative Folgen für die Konjunktur haben.

Die Finanzkrise hat gezeigt, dass hinter den »Moneten« Menschen und ihre Schicksale stecken. Sie hat gezeigt, wie manchmal Gier und die Aussicht auf Geld ganze Gesellschaften verändern und in den Ruin stürzen können. Es ist aber auch der Fluch des billigen Geldes und der niedrigen Zinsen, der Menschen dazu bringt, Geld auszugeben, das sie eigentlich nicht haben. Ich habe die Finanzkrise als Zäsur erlebt, als Stunde null, an der vieles neu hinterfragt wird. Für viele bedeutete sie vielleicht das Hinterfragen der wirklich wichtigen Werte im Leben.

Mein erster Auftritt an der Börse

An besagtem Abend des 15. Septembers 2008 hatte ich vielmehr Angst, das erste Mal in *heute nacht* auf Sendung zu sein. Na ja, Angst ist vielleicht ein bisschen zu hoch gegriffen, aber ich war sehr angespannt vor und während dieser TV-Schalte. Das Interesse der Zuschauer war an diesem Tag mit den Geschehnissen entsprechend groß, ich entsprechend nervös.

So ganz genau kann ich mich nicht mehr an diese eine erste Schalte von der Börse erinnern, ich weiß aber, ich trug Rot. Was denn sonst? Und meine roten Wangen musste ich nicht mit Rouge betonen. Sie kamen von allein. An der Börse sind die Moderatoren des ZDF selbst für ihr Make-up verantwortlich, schminken und frisieren sich alleine – und unsere superfitten Kameramänner rücken uns dann ins rechte Licht. Sie holen das Letzte aus uns allen heraus und bügeln manche Falte weg.

Nach einem arbeitsreichen und intensiven Tag voller Akkordarbeit und ständig neu aktualisierten Nachrichten gingen nach und nach alle Kolleginnen und Kollegen nach Hause. Das zeichnet alle Redakteure und Reporter der aktuellen Nachrichtenberichterstattung aus: Ich glaube, dass nur wenige Menschen, die überwiegend am Schreibtisch arbeiten, in solch kurzer Zeit und dann blitzschnell sendebereit sein können und die Dinge dann klar einordnen und auf den Punkt bringen. Natürlich gilt das in unserem journalistischen Berufsstand für Reporter in Krisengebieten noch um ein Vielfaches mehr. Sie sind live dabei und mittendrin, bilden Schicksale von Menschen ab und Geschehnisse vor Ort und riskieren so manches.

Doch zurück nach Frankfurt am Main und in die Börsenredaktion am 15. September 2008 abends. Alle Kollegen waren weg, übrig blieben Klaus und ich – sagen wir mal eine angespannte neue Börsenreporterin und ein genervter Schlussredakteur oder »Chef vom Dienst« (CVD), wie es in der Journalistensprache heißt. Genervt war Klaus auch deshalb, weil ich mehr oder minder scherzhaft zu den gerade gehenden Kollegen sagte: »Ihr könnt mich doch nicht mit dem alleine lassen?!« Zugegeben, das war nicht sehr charmant von mir, aber man muss wissen, dass er und ich in den ersten zwei Wochen nicht gerade einen zimperlichen Ton miteinander anschlugen. Oftmals lieferten wir uns in der Redaktion einen lustigen Schlagabtausch, am liebsten in unserem hessischen Dialekt, und tun das bis heute.

»Herrlisch, wenn mir zwei Hesse (isch eher aus'm Nordde und er aus'm Rhein-Main-Gebiet) so rischdisch Dummbabbele könne. Auch die Kollesche wisse des. Da kimmt Spass uf inner Redakzion.«

Spaß war es aber nicht an besagtem Abend. Die Lehman-Pleite mit all ihrer Komplexität den TV-Zuschauern verständlich in rund 1 Minute 30 Sekunden zu erklären war eine Herausforderung. Vielleicht hatte ich damals aufgrund des Ereignisses auch ein bisschen mehr Zeit eingeräumt bekommen.

Generell gibt es dann und wann ein Zeitproblem, wenn die Redaktion in Mainz noch sooo viel im Sendungsablauf unterbringen muss und wiederum von den Börsenreportern am liebsten alle Geschehnisse in kürzester Zeit verpackt haben möchte. Das ist unser tägliches Brot-und-Butter-Geschäft. Klingt kompliziert, aber es gelingt fast immer zur beiderseitigen Zufriedenheit.

Auch am 15. September 2008 »wuppten« Klaus und ich gemeinsam diese Schalte. Über den Satz: »Ihr könnt mich doch jetzt mit dem nicht alleine lassen« müssen wir immer noch lachen. Freud und Leid liegen aber oftmals sehr dicht zusammen, wie wir im folgenden Abschnitt sehen.

Menschen weinen um ihr Erspartes

Wenn Journalisten als Reporter in Krisengebieten arbeiten, ist es für sie Alltag, dass sie menschliche Schicksale erleben und erschütternde Bilder sehen. Wir Zuschauer bekommen das Ganze dann gefiltert und zusammengeschnitten zu sehen. Ich ziehe meinen Hut vor meinen Kollegen, die vor Ort zu jeder Tages- und Nachtzeit vor oder hinter der Kamera stehen oder im aktuellen Schnitt auf dem Mainzer Lerchenberg oder in den In- und Auslandsstudios sitzen und diese Bilder sowohl professionell als vielmehr auch psychisch verarbeiten müssen.

Wenn ich eines nicht gedacht hätte, ist es, dass auch ich zu meinem beruflichen Start als Börsenreporterin weinende Menschen vor der Kamera erleben würde. So geschehen auf dem Höhepunkt der Finanzkrise in Frankfurt am Main. Nicht nur die amerikanischen Banken »fielen um«. Die Krise zog ihre Kreise rund um den Globus. Im Frankfurter Bankenviertel befand sich eine Niederlassung der isländischen Kaupthing Bank. Sie war damals Islands größte Bank und versprach Anlegern deutlich höhere Zinsen als die deutschen Geldhäuser zur damaligen Zeit. Die Rendite lockte. Rund 30.000 deutsche Sparer hatten zusammen etwa 330 Millionen Euro bei der Bank angelegt. Eine vermeintliche und trügerische Win-win-Situation für beide Seiten. Ausländer gaben ihr Geld bereitwillig der Bank, bekamen hohe Erträge versprochen und umgekehrt konnte Kaupthing mit den Milliarden gut arbeiten. Bis das Kartenhaus zusammenbrach.

Diverse Verantwortliche aus Wirtschaft und Politik ebenso wie von den Ratingagenturen wurden juristisch – nennen wir es mal lapidar – »genauer unter die Lupe genommen«. Es kam zu diversen Gerichtsverfahren rund um den Zusammenbruch der Bank. Am 19. November 2009 wurde die deutsche Niederlassung der

Kaupthing Bank endgültig geschlossen. In Deutschland war sie ab diesem Zeitpunkt nicht mehr vertreten.

Was bedeutete das für die Anleger? Sie standen vor der geschlossenen Bankfiliale in Frankfurt. Sie konnten nicht glauben, was da gerade passierte. In ihren kalten Händen an diesem grauen Novembertag hielten sie Banner, auf denen stand: »Wo ist mein Geld?« – »Kaupthing hat mir meine Zukunft geraubt.« – »Was ist mit meiner Altersvorsorge?«

Ich blickte in versteinerte Mienen. Ich sah verzweifelte Menschen. Vor allem aber sah ich weinende Menschen. Sie blieben mir bis heute im Gedächtnis.

Anleger weinten um ihr Erspartes. Sie weinten, weil sie Angst vor Altersarmut hatten. Sie wussten nicht, ob sie jemals auch nur einen Teil ihres Geldes wiedersehen würden. Fast schämten sie sich, darauf »reingefallen zu sein«, dass man doch vermeintlich so gut und gewinnbringend angelegt hätte. Nun war alles dahin.

Der damalige isländische Staatspräsident Ólafur Ragnar Grímsson sprach sich damals streng gegen eine Entschädigung deutscher Sparer aus. In einem Interview sagte er sinngemäß, dass die deutschen Anleger begreifen sollten, dass die Isländer alles verloren hätten. Unter diesem Gesichtspunkt sei es den isländischen Steuerzahlern wohl kaum klarzumachen, dass sie nun auch noch für die Verluste deutscher Sparer aufkommen sollten.

Bemerkenswert: Denn umgekehrt war das ausländische Geld jahrelang willkommen. Es konnte einen erheblichen Beitrag zum Aufstieg der schnell wachsenden Bank mit beitragen. Ein jahrelanges Gezerre um die mögliche Entschädigung deutscher Sparer hatte begonnen.

»Keine Panik bitte«: Der legendäre Satz von Angela Merkel und Peer Steinbrück

Wie Dominosteine kippten diverse Geldhäuser im Zuge der weltweiten Finanzkrise um. Mitte September 2008 war Lehman Brothers bankrott. Anfang Oktober des gleichen Jahres machte sich in Deutschland inzwischen die Sorge um die finanzielle Lage der Hypo Real Estate (HRE) breit. Die Münchner HRE war zu diesem Zeitpunkt einer der größten Immobilienfinanzierer Europas. Damit war sie auch zu groß, als dass der Staat sie einfach bankrottgehen lassen könnte.

Ein Krisentreffen folgte dem nächsten. In letzter Minute wurden Notkredite, in Milliardenhöhe von einem Bankenkonsortium bereitgestellt, staatlich abgesichert. Doch die Lehman-Angst saß tief in den Köpfen der Menschen. Die Unsicherheiten nahmen zu, Tag für Tag.

Die Beinahe-Pleite der HRE und die Schlagzeilen über die bankrotten Geldhäuser in den USA bereiteten hierzulande immer mehr Menschen Kopfzerbrechen. In gefühlten »Nacht- und Nebelaktionen« plünderten viele Kunden ihre Bankkonten. Die Schlangen vor den Geldautomaten wurden länger, was im In- und Ausland zu beobachten war.

»Lieber das Geld zu Hause unters Kopfkissen legen als eingefroren bei der Bank, zumal ich nicht weiß, ob es diese morgen noch gibt«, dachten wohl viele zu dieser Zeit. Katerstimmung und Krise – Ungewissheit aller Orten. Schnellstmöglich brachten die Menschen ihr Hab und Gut von den Sparbüchern in Sicherheit. Das blieb der Bundesregierung selbstverständlich nicht verborgen. Ein »Bank Run« wurde ihrerseits befürchtet. Das bedeutet, Kunden ziehen scharenweise Geld ab und legen somit den Geldfluss der Banken untereinander lahm. Das wäre der wirtschaftliche

Zusammenbruch gewesen. Einen »Bank Run« galt es also unter allen Umständen zu verhindern.

Mit versteinerten Gesichtern traten damals Anfang Oktober 2008 die damalige Bundeskanzlerin Angela Merkel und ihr Finanzminister Peer Steinbrück vor die Presse. Ein Satz sollte nun Geschichte schreiben.

Angela Merkel: »Wir sagen den Sparerinnen und Sparern, dass ihre Einlagen sicher sind. Auch dafür steht die Bundesregierung ein.«

Zwei kleine Sätze mit großer Wirkung. Der befürchtete »Bank Run« blieb aus, die Lage beruhigte sich wieder. Dieser legendäre Satz von Angela Merkel und Peer Steinbrück konnte die Massen besänftigen und Schlimmeres verhindern.

Am 3. Juli 2015 trat das Einlagensicherungsgesetz in Kraft. Danach besteht seitdem für jeden Bankkunden ein gesetzlicher Anspruch auf Entschädigung im Falle einer Bankenpleite. Einlagen pro Kunde und pro Geldhaus sind bis zu einem Wert von 100.000 Euro geschützt.

Der Ernst rund um die Finanzkrise blieb bis heute … und flammt gerade dieses Jahr (2023) wieder auf. Es gilt zu verhindern, dass aus vereinzelten Bankenkrisen auch im Jahr 2023 wieder eine neue Finanzkrise wird. Die Börsen weltweit reagierten im März äußerst sensibel auf jegliche Nachricht von einer maroden Bank und zwangen den DAX in die Knie. Doch bei Menschen und Märkten geht es immer wieder wellenförmig weiter. Auf Schatten folgt Licht, nach Regen kommt Sonne und irgendwie geht es immer weiter.

Es geht nicht nur um die wirtschaftliche Sicherheit, sondern vor allem um Psychologie und um die damit verbundene Beruhigung der Gemüter. Die staatlichen Eingriffe haben ihre Befürworter, vielmehr aber ihre Gegner in einer freien Marktwirtschaft. In immer wiederkehrenden Abschnitten landen solche Fälle dann auch vor Gericht. Zu viel Intervention des Staates wird dann juristisch geprüft.

Ob der Einzelne das nun befürworten mag oder nicht. Ohne so manchen Satz und so manches Handeln von Politik und Notenbanken sähe die Finanzwelt heute deutlich anders aus.

Die Stabilität unseres Euros

Krise, immer wieder Krise ... gibt es auch noch etwas Schöneres zu berichten?!

Wenn dir beim Lesen hier langsam die Puste ausgeht, hab ein bisschen Geduld. Ich verspreche dir, es wird besser. Die leichte Kost und das Lachen kommen. Aber durch dieses »Hartholz« der europäischen Wirtschaft musst du durch. Schließlich hältst du das Buch einer Börsenreporterin in der Hand. Ich gebe dir nur einen Einblick über das große Ganze, damit du die Zusammenhänge ein bisschen besser einordnen kannst.

Die globale Finanzkrise war für wirtschaftlich stabile Länder schon fast vergessen, da jagten neue Hiobsbotschaften über den Äther. Unsere Gemeinschaftswährung, der Euro, »wackelte«. Zumindest glaubten das rund um das Jahr 2010 manche. Es gab viele »Nonsens«-Schlagzeilen in großen Tageszeitungen. Wieder hatte manch einer Angst ums Geld. Allen voran diejenigen, die der guten, alten Deutschen Mark nachtrauerten. Es war Wasser auf die Mühlen der Nostalgiker.

Europa stand vor einer neuen wirtschaftlichen und politischen Herausforderung. Ich hatte damals eine gleichaltrige Bekannte, die mir offen sagte, sie glaube ganz fest daran, dass es den Euro bald nicht mehr geben würde. Aha, interessant, dachte ich. Ich finde es immer spannend, wenn branchenfremde Menschen, die einem ganz anderen Beruf nachgehen, der mit Wirtschaft so rein gar nichts zu tun hat, mir die wirtschaftlichen Zusammenhänge erklären wollen. So habe ich das auch damals empfunden. Aber gegen manches »Nachplappern« von Halbwissen ist eben kein Kraut gewachsen. Ich verließ mich bei der Einschätzung zur Zukunft des Euros eher auf andere Quellen. Das sind die Nachrichtenagenturen, Zeitungen und vor allem aber auch die Menschen, die tagtäglich mit den wirtschaftlichen Entwicklungen beschäftigt sind.

An dieser Stelle möchte ich allen Chef-Volkswirten jener Geldhäuser danken, die mir seit Jahren zusätzlich zu anderen Quellen das nötige Hintergrundwissen verschaffen. Danke für eure bereitwilligen Auskünfte, Newsletter und Einschätzungen zu wirtschaftlichen Zusammenhängen. Gerade das, was ihr mir ja »nie vor der Kamera sagen würdet«, aber immer »unter drei«, also vertraulich und als Hintergrundinformation, die nicht zur Veröffentlichung bestimmt ist, weitergebt, hilft weiter.

Danke für das Annehmen von Telefongesprächen zu manchmal ungewöhnlichen Zeiten, für das schnelle Antworten auf E-Mails und den Witz und die Ironie, mit denen ihr manches komplexe Thema so herzerwärmend herunterbrechen und erklären könnt. Das macht vieles einfacher.

So war es auch die Aussage eines Volkswirtes, die mir rund um die Zeit, in der die Angst um den Euro um sich griff, im Gedächtnis blieb: »Wir haben keine Eurokrise. Wir haben eine Schuldenkrise in einzelnen europäischen Ländern. Das ist etwas völlig anderes.«

Stimmt, das ist etwas völlig anderes und es klingt vor allem auch weniger panisch. Denn Panik können die Aktienmärkte gar nicht vertragen. Im Volksmund bleibt aber häufig das Wort »Eurokrise« haften. Es bezeichnet einen Mix aus Staatsschuldenkrise, Bankenkrise und Wirtschaftskrise. Der Euro selbst blieb in der gesamten Zeit kurioserweise recht stabil.

Woran denkst du, wenn dir diese Zeit rund um die »Eurokrise«
noch im Gedächtnis sein sollte? Vielleicht fällt dir Griechenland
in diesem Zusammenhang ein. Das wunderschöne Land hatte erhebliche Probleme. Finanziell wurde es das Sorgenkind der europäischen Wirtschaft genannt. Darüber konnten auch die Sonne
und das Meer nicht hinwegtäuschen. So weiß die Häuser, so blau
die Fensterläden und so pink blühend die Bougainvilleas auch
sein mögen, finanziell sah es für Griechenland schwarz aus. Das
Land ächzte unter einem immensen Schuldenberg.

Europa ist im Laufe der Jahrzehnte zu einer europäischen
Währungsunion zusammengewachsen. Eine Einheit mit allem
Drum und Dran. Das bedeutet neben all den Vorteilen aber auch
Nachteile für die wirtschaftlich schwächeren Länder der Eurozone.
Diese hatten sich auch von der globalen Finanzkrise noch nicht
wieder gänzlich erholt.

Bevor der Euro eingeführt wurde, hatten diese Länder noch
die Möglichkeit, bei abflauender Wirtschaftslage ihre Landeswährung abzuwerten. Du kennst das vielleicht noch aus den Nachrichten, wenn die spanische Pesete, die italienische Lira oder eben
die griechische Drachme abgewertet wurden. Das hieß, die eigene
Währung verlor gegenüber Fremdwährungen an Wert. Das stärkte
damals in den südlichen Ländern den Export und den Tourismus,
schwächte aber den Import.

Nach der Einführung des Euro war es aber nicht mehr möglich, so zu handeln und Wirtschaftspolitik zu betreiben. Die eigenen Staatsschulden konnten jetzt nur noch mithilfe anderer, wirtschaftlich stabilerer Euroländer umgeschuldet werden. Es war wie
bei den drei Musketieren: »Einer für alle, alle für einen.«

Das Problem war nur, dass nicht die Staatsschulden, sondern
auch die gesamtwirtschaftliche Verschuldung ausschlaggebend
für die Finanzprobleme war. Also ein Systemfehler, wenn du so
willst. Die Rufe nach grundlegenden Reformen in den finanziell

schwachen Ländern, allen voran in Griechenland, wurden lauter. Und nicht nur diese Rufe.

Als besonders schlimm empfand ich damals das »stammtischmäßige Geplapper«. Es fielen so Sätze wie: »Warum soll ich als Deutscher für die Schulden der Griechen aufkommen? Ich arbeite schließlich auch mehr als die.« Nun ja, zu dieser Aussage kann sich jeder seinen Teil denken. Ich persönlich distanziere mich ganz klar davon, weil ich mit Leib und Seele Europäerin bin.

Doch zurück zu den Fakten: Finanziell musste also etwas getan werden. Die finanziellen Probleme einzelner Eurostaaten riefen den 2010 eingerichteten Europäischen Stabilisierungsmechanismus (ESM) auf den Schirm. Apropos Schirm. Auch wenn er in den betreffenden Ländern selten gebraucht wird, weil viel die Sonne scheint, kam es zum politisch umstrittenen Rettungsschirm.

Die Europäische Zentralbank (EZB) tat ihrerseits alles, um die wirtschaftliche Stabilität der Eurozone zu gewährleisten. Sie senkte die Leitzinsen. Damit konnten sich finanziell schwache Staaten günstiger am Kapitalmarkt Geld leihen. Zusätzlich startete sie ein milliardenschweres, volumenmäßig begrenztes Aufkaufprogramm für Staatsanleihen.

Nicht weniger markant als damals der Satz von Angela Merkel und Peer Steinbrück war nun die Aussage des amtierenden Chefs der EZB, des Italieners Mario Draghi. Er wird in der Finanzwelt noch heute oft zitiert und beruhigte auch damals die aufgeregten Gemüter. Es war das berühmte »Whatever it takes!«. Damit machte Mario Draghi im Sommer 2012 unmissverständlich die Entschlossenheit der Zentralbanker klar, den Euro unter allen Umständen zu retten.

Übersetzt hieß es dort: »Im Rahmen unseres Mandats ist die EZB bereit, alles Notwendige zu tun, um den Euro zu erhalten. Und glauben Sie mir, es wird genug sein.«

Im Zuge der diversen, glücklicherweise stets durch die Europäische Gemeinschaft und vor allem die Steuerzahler verhinderten, Staatspleiten half dieses Versprechen auch dieses Mal, die Gemüter zu beruhigen.

Die Macht der Worte im Finanzsystem. Ein nicht zu unterschätzender Wert zum Erhalt finanzieller Werte! Sie haben ihre Wirkung nicht verfehlt. Wie wünschenswert wäre es, wenn es auch politisch manchmal so einfach ginge. Denn vergessen wir bei allem nicht, dass hinter den Milliarden vor allem Menschen stehen.

Wirtschaft fängt im Kleinen und bei den Kleinsten an

Vielleicht wäre manches in puncto Wirtschaft gar nicht so kryptisch, wenn wir es von klein auf gelernt hätten? Diese Frage stelle ich mir manchmal. Seitdem ich an der Börse arbeite, kommt hin und wieder die Aussage: »Mit Börse habe ich nichts am Hut, da schalte ich immer auf Durchzug und Aktien habe ich auch keine!«

Denken wir nur wieder an die Lehman-Pleite. Es ist schon kurios, dass die Menschheit so tickt, dass es immer den Präzedenzfall für eine Sache gibt, dann ein Riesenaufschrei erfolgt, dass sich ab jetzt »aber wirklich etwas ändern muss«, und es dann entweder direkt oder eben gar nicht mehr passiert, weil zu viel Zeit ins Land gezogen ist.

So ist das meiner Ansicht nach auch mit dem Thema »Wirtschaft« in der Bildung. Falls du dich nicht gerade für ein berufliches Gymnasium, Wirtschaftsgymnasium oder für ein Wirtschaftsstudium entschieden haben solltest, frage ich dich, wann du das erste Mal in deinem Leben so richtig mit dem Thema Wirtschaft außerhalb der Medien konfrontiert worden bist?

Es war vielleicht der Einkauf mit den Eltern oder in unserer Generation noch das Hinfiebern auf den Weltspartag, als ich dann voller Stolz die Sparbüchse zur Bank oder Sparkasse gebracht habe.

Ich freute mich über das Zählen und Klimpern der Pfennige (ja, ich spreche noch von D-Mark-Zeiten). Doch so wie die D-Mark gehört der Weltspartag der Vergangenheit an. Mein Lieblingssatz dazu ist der eines sehr netten und stets auskunftsfreudigen Chefvolkswirts einer Bank:

»Früher hieß es Weltspartag, heute heißt es Volkstrauertag.«

Natürlich ist der Satz schonungslos übertrieben und makaber, aber er zielt darauf ab, dass es in Zeiten von dauerhaft niedrigen Zinsen eben keine Belohnungsgeschenke mehr von den Geldhäusern gibt.

Der Umgang mit Geld und vor allem die Sichtbarkeit des Geldes hat sich gewandelt. Es ist weniger haptisch. Immer mehr wird digital bezahlt. Deutschland liegt da noch hinten und hat Nachholbedarf. Die Digitalisierung ist an manchen Stellen noch im Dornröschenschlaf. Verglichen zu anderen Ländern, in denen auch auf dem Wochenmarkt mit Karte, Handy oder Smartwatch bezahlt werden kann, gibt es hier noch viel zu tun.

Wie soll man jungen Menschen Geld und Wirtschaft in irgendeiner Form näherbringen?

Manche Kinder stellen sich mit Altem und Ausrangiertem oder Selbstgebasteltem kreativ auf den Flohmarkt, andere bessern ihr Taschengeld mit Zeitungsaustragen auf.

Seien es nun das Brötchen beim Bäcker, die Süßigkeiten am Kiosk, die Zeitschrift um die Ecke beim Zeitungshändler und die Kugel Eis bei der Eisdiele, wie selbstverständlich wechseln da Euros und Cents ihren Besitzer. Wirtschaft steckt überall drin und die Kleinsten und Kleinen werden damit groß. Wenn dann Nachrichten geschaut werden, geht es mit Wirtschaftsthemen munter weiter. Doch danach hört es dann häufig auch schon auf.

Jetzt fordert der Landesschülerbeirat in Baden-Württemberg mehr »lebensnahen« Unterricht. Es würde immer heißen, in der lerne man fürs Leben, aber das sei gar nicht immer der Fall. Die alltäglichen Dinge würden oftmals außen vor gelassen. Lehrer sollten stärker unterrichten, wie Steuererklärungen ausgefüllt, Versicherungen abgeschlossen und Mietverträge verhandelt werden, heißt es nun seitens der Schüler. Das Wissen über Wirtschaft und Finanzen sei nützlich, friste in den Schulen aber nach wie vor ein Nischendasein.

Als Schulfach findet Wirtschaft erst langsam in einigen Bundesländern den Weg in die Klassenzimmer. Nach dem Motto »Was Hänschen nicht lernt, lernt Hans nimmermehr« wäre es nützlich, jungen Menschen hier den Weg zu ebnen, damit sie frühzeitig und wie selbstverständlich zunächst den spielerischen Umgang mit dieser Thematik lernen. Nun kommt dieser Wunsch ja auch seitens der lernwilligen Schüler!

Vielleicht wäre dann auch weniger »Angst vor Aktien« in unserem Land? Ich spreche aus Erfahrung. Selbst ein früherer Studienkollege und inzwischen CEO einer erfolgreichen mittelständischen Baufirma investiert lieber in Immobilien als in Aktien. Das sei ihm alles zu heikel, sagt er mir, obwohl auch er Wirtschaft studiert hat und ein Unternehmen führt. Von Aktien lassen viele die Finger.

Damit ist man in Deutschland noch bis vor Kurzem in »guter« Gesellschaft gewesen. Doch das Blatt wendet sich gerade während des Schreibens. 2022 gab es hierzulande so viele Aktionäre wie nie. Fast 13 Millionen Menschen hatten durchschnittlich Aktien, Aktienfonds oder ETFs im Depot. Das hat das Deutsche Aktieninstitut errechnet. Das heißt, inzwischen ist jeder Fünfte am Aktienmarkt engagiert. Es könnte also bald Schluss sein mit dem Ruf, Deutschland sei ein Volk der »Aktienmuffel«! Auch wenn andere Industrieländer in Sachen Aktienkultur noch deutlich vor Deutschland liegen, gibt es ja Grund zur Hoffnung, dass die Frankfurter Börse und Aktien wohl doch keine »böhmischen Dörfer« sind.

Fast 13 Millionen Menschen ab 14 Jahren haben also Aktien. Bei einem Land, das fast 84 Millionen Einwohner hat, sind das immer noch nicht viele. Vielleicht liegt es auch daran, dass Wirtschaft und insbesondere Aktien für viele tatsächlich sehr abstrakt zu sein scheinen.

Ein Schulfach Wirtschaft würde das vielleicht ändern. Es käme nicht nur den Schülern, sondern auch den Lehrern zugute. Dieses Fach würde Bildung für die Kleinen bedeuten und Studiengänge für die Großen – sprich: nur, wenn es das Fach gibt, würde es auch angehende Lehrer geben, die dieses Fach an der Universität belegen würden und später unterrichten. Dadurch wiederum könnte bei den Professoren mehr Zeit für ökonomische Zusammenhänge eingeräumt werden und mehr in die Wirtschaftsforschung investiert werden.

Ich weiß, das ist Wunschdenken und ein bisschen erhobener Zeigefinger, man möge ihn mir verzeihen! Voraussetzung auch hierfür ist, dass genügend Geld dafür übrig ist – aber bekanntlich darf man ja nicht an der falschen Stelle sparen und schon gar nicht bei der Bildung!

Vielleicht ginge damit auch die Schere im Klassenzimmer zwischen Arm und Reich wieder etwas weiter zu. Denn mehr Chancengleichheit entsteht im Bildungsalter und nicht erst bei den oberen Zehntausend. Mit diesem Buch trage ich hoffentlich ein kleines bisschen zur Finanzbildung bei. Vielleicht habe ich dir auch schon ein wenig Appetit auf Aktien gemacht, auf jeden Fall möchte ich, dass du die Scheu vor dem Thema Finanzen verlierst.

Interview mit Dr. Gerhard Schick, Bürgerbewegung Finanzwende

Wie kommen wir hin zu mehr Transparenz, Menschlichkeit und Miteinander? Was tun gegen die Ellenbogengesellschaft und den Lobbyismus in der Finanzwelt? Dieses Ziel hat sich Dr. Gerhard Schick mit seiner Initiative »Bürgerbewegung Finanzwende« gesetzt. Er ist ehemaliger Bundestagsabgeordneter der Grünen, bevor er sein Mandat niederlegt hat und an einer anderen Stelle bei einer NGO (Nicht-Regierungs-Organisation) aktiv wurde. Im Jahr 2018, genau zehn Jahre nach der Pleite von Lehman-Brothers, hat er die »Bürgerbewegung Finanzwende« ins Leben gerufen.

»Finanzwende« versteht sich als unabhängiges und überparteiliches Gegengewicht zur Finanzlobby. Sie will sich für faire, stabile und nachhaltige Finanzmärkte einsetzen. Nach Ansicht des Vereins haben sich die Märkte an vielen Stellen längst von der wirtschaftlichen Realität entkoppelt. Zu viele Akteure dort würden kriminell agieren oder nur für sich selbst wirtschaften, ohne gesellschaftlichen Nutzen, heißt es seitens des Vereins.

Mir fällt hierzu direkt das Beispiel von Wirecard ein. Es ist der größte Finanzskandal seit dem Zweiten Weltkrieg und ein Milliardenbetrug. Dieses Unternehmen spielte mit in der A-Liga des deutschen Finanzsystems und galt mit seinem Geschäftsmodell als »Newcomer«.

Dass wir so einen »Börsenstar«, solch ein »großartiges« Unternehmen und technologischen Vorzeigestar auch endlich einmal in Deutschland haben würden und nicht nur immer in den USA, machte viele froh. Zumindest hörte man das am Anfang, als alles bei Wirecard noch mit rechten Dingen zuzugehen schien.

Es war ein digitaler Zahlungsdienstleister, der namhafte Großkunden hatte. Wirecard hat es ermöglicht, dass Zahlungsströme bargeldlos zwischen Kunden und Unternehmen fließen konnten. Politik und die Finanzaufsichtsbehörde Bafin waren begeistert von diesem Geschäftsmodell und den Machern dahinter.

Wirecard war gelistet im DAX (Deutscher Aktienindex und galt als vorbildlich sowie finanzstark. Das Unternehmen aus der Nähe von München verdrängte damals sogar die Commerzbank aus den (damals noch) Top 30 deutscher Unternehmen. Bis alles zu einem jähen Ende führte. Es stellte sich heraus: Die Hälfte des Umsatzes und der gesamte Gewinn waren frei erfunden! Gewerbsmäßiger Bandenbetrug war das – Banken wurden im Milliarden-Euro-Bereich geschädigt.

Unschuldige und ahnungslose Bürger, die mit Wirecard-Anteilen in ihre Altersvorsorge investiert hatten, verloren ihr Vermögen.

Es sind Unternehmen wie diese, die immer wieder Zweifel am Finanzmarkt schüren. Es war Lug und Trug, gefälschte Bilanzen, perfekt inszenierte Pressekonferenzen, auf denen von der Finanzstärke und dem Glanz des Unternehmens überzeugt werden sollte. Die wahre Bilanz heute: ein untergetauchter Manager, nach dem immer noch gefahndet wird, ein anderer hinter Gittern. So einen Finanzkrimi kennt man sonst vielleicht nur aus dem Kino. Die Gier und das Geld. Manchmal sind sie untrennbar miteinander verbunden.

Das Ziel von »Finanzwende« ist es, dafür zu sorgen, dass die Finanzmärkte wieder den Menschen dienen – und nicht umgekehrt. Gestartet ist der Verein im September 2018. Damals lag die Lehman-Pleite und der Beginn der Finanzkrise bereits ein ganzes Jahrzehnt zurück.

Doch was haben Wirtschaft und Politik daraus gelernt? Es war für »Finanzwende« immer noch offensichtlich, dass notwendige Reformen an den Finanzmärkten ausblieben. Geredet wurde viel, getan zu wenig. Trotz aller Debatten sind die Märkte weder nachhaltiger noch stabiler oder kleiner geworden.

Nach Ansicht von Vorstand Gerhard Schick hat das einen klaren Grund: Für ihn fehlen die unabhängigen Berater in der Finanzpolitik. In anderen Fachbereichen gibt es für ihn immer Experten aus der Zivilgesellschaft, auf deren Wissen die Politik zurückgreifen kann. Fast undenkbar: Beim Thema Finanzen ist das oft nicht der Fall.

Zum Interview erreiche ich ihn telefonisch in Berlin in der grauen und dunklen Jahreszeit. Er ist locker und begrüßt mich mit den Worten: »Hier scheint gerade die Sonne, deshalb war ich kurz am Überlegen, ob ich das Handy nicht mit raus nehmen und bei einem Spaziergang mit ihnen sprechen soll.« Er überlegt es sich dann aber doch anders. Vielleicht auch eine gute Entscheidung, denn es folgen anderthalb Stunden geballte Informationen über sein Anliegen und den Verein.

»Herr Schick, Ihr Verein ist vor vier Jahren gegründet worden. Was haben Sie bisher erreicht?«

»Der Gründungszeitpunkt war nicht zufällig gewählt. Angesichts des 10. Jahrestages der Lehman-Pleite haben wir gemerkt, dass in den vergangenen zehn Jahren fast nichts erreicht wurde. Die Reformagenda für den Finanzmarkt war zwar am Anfang da, ist dann aber ausgebremst worden. Regulieren war nur im kleinen Bereich möglich, im großen Ganzen ist es nicht gelungen. Intelligente Menschen wollten dann einen Strategiewechsel. So ist unser Verein entstanden. Vielleicht hat es auch damit zu tun, dass es bei Umwelt- oder Menschenrechtsthemen solche Organisationen gibt, bei Finanzthemen nicht. Zehn Jahre nach der Lehman-Pleite hat sich keiner mehr für die Stabilität der Finanzmärkte interessiert, es war schon zu lange her. Im Bereich Wirtschaft fehlen diese Leute, die die Öffentlichkeit wachrütteln, um dadurch dann eine Veränderung zu erreichen. Für mich persönlich als Demokrat und Parlamentarier kam dann noch eine Sache hinzu, die mich motiviert hat. Das ist das große Thema der Erbschaftssteuer.

Seit 1992 haben wir eine verfassungswidrige Erbschaftssteuer. Es ging um die Bewertung des Betriebsvermögens. Es wird allerdings weitergemacht wie bisher, denn es gibt zu viele umfassende Ausnahmen. Die ›Stiftung Familienunternehmer‹, die ja die großen Milliardärs-Familien dieses Landes vereint hat, ist eine starke Lobby. Das große Geld war hier stärker als das Bundesverfassungsgericht. Die Mehrheit im Bundesrat und Bundestag wollte es den Milliardären recht machen und hat nicht nach dem Gleichheitssatz entschieden.

Wenn Sie als Abgeordneter zweimal verlieren gegen die großen Lobbyisten dieses Landes, dann ist das genug Motivation für den Aufbau einer schlagkräftigen Finanzmarkt-NGO.«

»Und was wollen Sie nun ganz konkret mit Ihrer NGO erreichen?«

»Wir haben schon einiges erreicht. Ich habe den Untersuchungsausschuss zum Cum-Ex-Skandal fast ziemlich allein durchgesetzt. Ich darf das so sagen. Da sind dem deutschen Steuerzahler Milliarden verloren gegangen. Wir sind mit der Gesamtentwicklung des Finanzsystems nicht zufrieden. Den Menschen, die ihr Geld sinnvoll anlegen oder fürs Alter vorsorgen wollen, werden teure und unsinnige

Finanzprodukte ins Depot gedrückt. Ganz viele Menschen verstehen diese Produkte gar nicht und wollen sie auch gar nicht.

Oder nehmen wir den Wirecard-Skandal … Wir schaffen es bisher nicht, dass
Menschen sinnvoll Geld anlegen für die Altersvorsorge. Für den Bürger gibt es viel
zu wenig sinnvolle Angebote.

Wir können mit unserem Finanzsystem nicht zufrieden sein. Es ist heute nicht
stabiler als im Jahr 2008, kurz vor der Lehman-Pleite. Wenn heute irgendwo ein
Hedgefonds wackelt, zieht er die Banken auch mit herunter.

Wir haben die Finanzaufsicht gedrängt, genauer hinzuschauen, denn es gibt
immer noch zu viel Finanzkriminalität. Nach wie vor werden viel zu viele Bürger
Opfer von Finanzbetrug.«

Mit Blick auf das Finanzsystem, das eigentlich den Menschen dienen sollte
und den Menschen einen Mehrwert bringen sollte, sagt Gerhard Schick zu mir:

»Es muss uns gelingen, aus dem wilden Bullen eine domestizierte Kuh zu ma-
chen, die Milch gibt.« Und weiter führt er aus: »Wir brauchen den Finanzmarkt.
Doch so, wie er heute ist, hat er an vielen Stellen eine zerstörerische Wirkung.
Er muss eine nützliche haben. Aus demselben Material kann Schädliches in den
Markt gedrückt werden oder eben Sinnvolles entstehen.

Es gibt genügend Beispiele aus anderen Ländern, bei denen es besser geregelt ist als hier in Deutschland. In Kanada musste während der großen Finanzkrise kein Steuergeld aufgewendet werden, weil die Eigenkapitalquote und die
Schuldenbremse der Banken so hoch waren, mit 5 Prozent Minimum als Puffer war
dort genug Puffer.

In Schweden gibt es bei der privaten Altersvorsorge einen staatlichen Ren-
tenfonds, in den die Schweden einzahlen. Die Rendite fürs Alter ist recht ordentlich. Der entscheidende Unterschied ist auch, dass die Vertriebskosten für diesen
Fonds wegfallen.

In Großbritannien und in den Niederlanden gibt es bei den Finanzberatern ein
Provisionsverbot. Der Kunde zahlt für die unabhängige Beratung. Derjenige, der berät,
darf aber nichts verkaufen. In Deutschland ist es jedoch so: Der Finanz- oder Bankberater
berät sie so, dass er an dem, was er ihnen verkauft, mitverdient. Wenn wir es hierzulande
so machen würden, wie es bei den Rechtsanwälten oder Steuerberatern bereits der Fall

ist, wird der Finanzberater zwar klar honoriert, er bekommt aber keine Provisionen von der Anbieterseite.

Das Gros der Finanzprodukte, die auf dem Markt sind, würde verschwinden, weil kein unabhängiger Finanzberater diesen Müll anbieten würde.

Auch nach Italien können wir schauen und uns ein Beispiel nehmen – in jedem Land gibt es Gutes und Schlechtes. Vom Guten kann man sich eine Scheibe abschneiden. In Italien wird das Vermögen der Mafia eingezogen.«

Nun füge ich am Telefon an, dass Italien in vielen Dingen vielleicht nicht gerade das Paradebeispiel für Recht und Ordnung in Europa ist. Doch dann erklärt er mir:

»Schauen Sie, es ist doch so: Die Mafia versucht, mit illegalen Mitteln Vermögen anzuhäufen. Diese mafiösen Strukturen gibt es aber auch in Deutschland. Hier ist es besonders leicht, Geld zu waschen. Bis heute kann man Immobilien noch zum Teil mit Bargeld bezahlen. Was Finanzmarktkriminalität angeht, ist Deutschland in verschiedensten Dingen einfach schlecht aufgestellt. Deutschland ist ein Paradies für Geldwäscher.

Wenn es um dieses Thema geht, ist der deutsche Staat nicht oder auf jeden Fall zu wenig in der Lage, Finanzvermögen einzuziehen«.

»Was meinen Sie? Woran liegt es, dass dieser Bereich so intransparent ist?«
»Na ja, die Intransparenz wird geschaffen, um in Ruhe Geld verdienen zu können. Es werden extra komplexe Finanzsysteme geschaffen, um die wahren Eigentumsverhältnisse und damit auch die Herkunft des Geldes zu verschleiern. Ich sage immer, man sollte kein Finanzprodukt kaufen, was man nicht versteht.«

(Eine Anmerkung von mir dazu: Das sagt der Börsenguru Warren Buffett schon immer.)

»Doch leider passiert genau das immer wieder. Es passiert und man kann so Kunden leichter das Geld aus der Tasche ziehen. Da werden irgendwelche Konzerne kreiert und Tochtergesellschaften gebastelt. Damit können sie Gelder von A nach B schieben. Damit wird eine Komplexität des Finanzmarktes geschaffen, die sich perfekt eignet, Gesetze zu umgehen. Das Verrückte ist dann noch: Reiche Menschen leisten sich eine unabhängige Beratung und finden diese auch.

Otto Normalverbraucher bekommt diese merkwürdigen Produkte untergeschoben. Ich sage Ihnen ehrlich: Es wäre besser, manche ›Finanzberater‹ nie getroffen zu haben.«

»Was sind Ihre Forderungen an die Politik?«

»Meine Forderungen an die Politik sind unter anderem eine unabhängige Finanzberatung nach dem Vorbild der Rechtsberatung. Im Bereich der Finanzkriminalität ist der Aufbau von spezialisierten Kräften nötig, damit sie kriminelle Gelder einziehen können. Dann muss es höhere Eigenkapitalquoten für Banken und Schattenbanken geben, ebenso einen höheren Puffer bei drohenden Verlusten. Das System ist immer noch zu stark auf Schulden aufgebaut, sogar mehr noch als im Jahr 2008.

Nehmen wir zum Beispiel den März des Jahres 2020. Alle waren zu Beginn der Corona-Pandemie mit dem Virus und den Impfungen beschäftigt. Kaum jemand hat da bemerkt, dass die Zentralbanken massiv in die Märkte eingreifen mussten, damit uns nicht der ganze Finanzmarkt wieder um die Ohren fliegt. Es muss nur von irgendwo ein Schock herkommen und dann passiert das. Wir müssen da mehr Stabilität hineinbringen.«

»Wie kann so etwas wie ›Wirecard‹ überhaupt noch passieren?«

»Der Lobbyismus macht es möglich. Wirecard hat 62 Millionen Euro aufgewendet, um die Politik für sich einzunehmen. Kriminelle Gelder wurden genutzt, um sich den Staat gefügig zu machen. Mit den Geldern konnten sie dann große Gewinne machen. Sie haben es geschafft, im politischen Raum mit Wirecard befreundet zu sein. Die Politik greift dann nicht durch. Das zeigt den gefährlichen Kreislauf.«

»Ist es nicht fast ein bisschen naiv zu glauben, dass Sie diese erstrebenswerte Transparenz hinbekämen? Was ist Ihre Hoffnung, wie die Gesellschaft künftig diese Gier überwinden könnte?«

»Wir wollen mit wachsender Aufmerksamkeit die Politik zum Nachdenken drängen.«

»Ich habe von einem Unternehmer gehört, dass in manchen sozialen Netzwerken dazu aufgerufen wird, junge Menschen sollten sich nur noch bei den Firmen bewerben, die offensichtlich grün und nachhaltig seien. Ist das ein Weg der Zukunft?«

»Ich habe das noch nicht gehört. Lassen Sie mich kurz nachdenken, ob ich das gut finde. Ich glaube, dass wir die Welt nur über strategisches Handeln von guten NGOs in dem Ausmaß verändern können, dass sich etwas ändern wird. Ich denke nicht, dass es der Weg ist, dass sich junge Menschen einen Karriereweg verbauen, weil sie sich bei einem bestimmten Unternehmen nicht bewerben. Ich schätze es, wenn Menschen sich engagieren, aber wenn wir wirklich etwas ändern wollen, brauchen wir Gesetze.«

»Kapital als solches ist nicht böse; es ist sein falscher Gebrauch, der böse ist. Kapital in der einen oder anderen Form wird immer benötigt.«

Mahatma Gandhi

Interview mit Thomas Brauße: Vom Banker zum Würstchenverkäufer

Es muss irgendwie weitergehen – denn jeder Tag ist ein neuer Anfang. Für uns alle. Bankkunden hatten rund um die Lehman-Pleite Angst um ihr Erspartes, wieder andere sorgten sich um ihre Existenz. So ging es auch Thomas Brauße, seines Zeichens damals noch Banker, bis er sich plötzlich auf einem sinkenden Schiff befand – und in die eigene Bratwurstbude wechselte. Nicht ganz freiwillig, wie er mir erzählt. Im Jahr 2008 war er kurzzeitig im Bankenviertel Frankfurts zu einer Art Berühmtheit geworden, weil er seinen ehemaligen Kollegen in der Mittagspause Pommes mit Ketchup gegen Cash verkauft hat. Wie kam es zu diesem radikalen Wechsel? Brauße war bei einem Broker für institutionelle Anleger angestellt. »Wir haben uns auf unsere Boni gefreut. Die Kündigung kam im Dezember 2008. Es war genau zwei Tage nach der Weihnachtsfeier. Wir waren nicht schlecht aufgestellt, aber seit dem 11. September 2001 war es sowieso nicht mehr wie früher. Ab dem Zeitpunkt merkte man schon, dass sich etwas verändert hat.«

Diesen Satz über den Wendepunkt des 11. September 2001 höre ich während meiner Recherchen zu diesem Buch des Öfteren. Vielleicht ist es den meisten von uns nicht mehr so bewusst, welchen gravierenden wirtschaftlichen Einfluss dieser islamistische Terroranschlag auf das World Trade Center in New York City und das Pentagon in Washington, D. C., auf die westliche Welt hatte.

Thomas Brauße erzählt mir weiter: »Da stand ich nun mit meiner Kündigung in der Hand. In den 1990ern gab es für mich etwa 400 potenzielle Arbeitgeber in der deutschen Bankenmetropole. Irgendwann dann nur noch große Player, inzwischen sind wir bei unter 100 in Frankfurt. Ich musste schauen, wo ich bleibe. Und dann habe ich meinen Traum verfolgt, den ich als Jugendlicher immer hatte. Ich habe schon immer gerne Currywurst gegessen. Es ist mein Leibgericht. Aus dem Messeturm habe ich damals auf die Imbissbude geschaut, wo die Banker in der Mittagspause ihre Currywurst gegessen haben. Der Job als Wurstverkäufer an sich, dieses ehrliche, ich sage mal ›Wurst raus, Geld rein‹, das fand ich gut. Es hat mir unheimlich Spaß gemacht, meine Sprüche loszuwerden und meine Würstchen zu drehen. Das Reale hat mir gefallen. Den Imbiss hatte ich knapp fünf Jahre lang. Dann wurde in der Gegend gebaut und meine kleine Bude musste einem größeren Projekt weichen. Danach kam beruflich wieder etwas anderes. Aber so ist das eben im Leben. Wenn die eine Tür zugeht, öffnet sich eine andere.«

Diesen Optimismus hat sich Brauße bis heute bewahrt, obwohl es in seinem Leben doch einige Tiefschläge gegeben hat, wie er mir am Telefon erzählt. Er sei menschlich auch des Öfteren enttäuscht worden.

»In meinem vorherigen Job lagen sechs Jahre verlogene Fremdpolitik hinter mir. Ich werde das nie vergessen: Am Freitag haben wir auf der Weihnachtsfeier noch ›Hoch die Tassen‹ gemacht und uns ins Gesicht gelächelt und am Montag legen sie uns die Kündigung auf den Tisch.«

»Wie war das für Sie als Wurstverkäufer in der neuen Rolle?«

»Also man kann die Arbeit vom Aufwand her ungefähr gleichsetzen. Ich war in etwa so viel unterwegs wie früher. Ich hatte relativ normale Arbeitszeiten, musste einkaufen und so weiter. Aber am Nachmittag hatte ich jedes Mal ab 17 Uhr frei. Das war schon gut.«

»Mussten Sie auf vieles, was Sie als Banker hatten, als Wurstverkäufer verzichten?«

»Verzichten?! Ja, auf manches schon. Ich habe weniger verdient, aber dafür war ich auch nicht mehr unter Druck. Es ging mir gut.«

Dieser Druck »zu performen«, wie es rund um die Finanzbranche öfter heißt, ist für mich als Außenstehende immer wieder bemerkenswert. Von einer Freundin, deren Mann bei einer großen, international renommierten Unternehmensberatung tätig war, höre ich den Satz, der mit ausschlaggebend für dessen Kündigung war. Sein damaliger Chef sagte ihm: »Also, fachlich und was deine Leistung angeht, bist du schon gut. Aber du passt halt nicht ins Team!«

Das »Team« sah so aus, dass mindestens 14 Stunden Arbeit täglich von ihm erwartet wurde, danach dann Freizeitgestaltung mit Essen gehen, Fußballstadion, andere Vergnügungen mit den Kollegen, mindestens das. Mit Anfang 40 war er dann schwer erkrankt, Herz, Lunge, Tabletten und mehrere Monate lang platt. Nach seiner Genesung entschied er sich für ein anderes Team, für seine Frau und seine zwei kleinen Kinder und fing bei einem Mittelständler als Projektmanager an.

Er ist zufrieden im neuen Job und mit seiner Work-Life-Balance. Mit seiner Familie verbringt er deutlich mehr Zeit als früher. An den Wochenenden wird nicht mehr gearbeitet. Insofern kann man ihm zu seiner Entscheidung nur gratulieren. »Nicht ins Team zu passen« war hier ein absolutes Kompliment.

Von diesen Beispielen, wie Menschen beruflich »verheizt« werden, kann auch Brauße ein Lied singen. Er kannte es zur Genüge. »Shareholder Value (Unternehmenswert, der sich auf die Aktionäre aufteilt und in ihrem Sinne das Unternehmen geführt wird) ist für mich das Schlimmste überhaupt. Weil ich sage, der Aktionär ist nicht das Wichtigste, was im Vordergrund steht. Es muss der Mensch sein. Es kann nicht sein, dass das Individuum nichts mehr zählt.«

Heute verkauft Brauße Häuser bei einer Massivhausbaufirma. Von der Verkaufsprovision konnte er bislang gut leben. Doch nun kommt ein Rückschlag nach dem anderen. »Es ist eine Kumulierung verschiedenster Umstände«, sagt er. Die Pandemie hatte noch wenig Einfluss auf sein Geschäft, aber durch den Ukrainekrieg, die Energiekrise und die steigenden Zinsen können sich immer weniger Menschen Kredite fürs eigene Häuschen leisten.

»Wir leben in einer Zeit der Transformation. Lassen Sie mich das kurz erklären. Die Zinsen kommen von unten und steigen. Die Leute sind die Zeiten von steigenden Zinsen aber gar nicht mehr gewöhnt. Nehmen wir an, Sie haben einen Zins von 3 Prozent. Dann ist es psychologisch ein himmelweiter Unterschied, ob sie diese 3 Prozent von oben oder, wie es momentan der Fall ist, von unten erreicht haben. Die absolute Zahl ist am Ende die gleiche, aber in den Köpfen der Menschen ist es etwas anderes. Momentan stehe ich am Rande meiner Existenz. Frau Mainitz, Sie kriegen es an der Börse ja durch die wirtschaftlichen Geschehnisse hautnah mit. In meinem Bekanntenkreis geht es vielen so. Aber auch das kriegen wir wieder hin.«

Ich wünsche es ihm. Herr Brauße zeigt uns, dass das Leben manchmal unangenehme Überraschungen, menschliche Enttäuschungen und gesundheitliche Rückschläge mit sich bringt. Aber sein Lebenslauf zeigt auch, dass sich tatsächlich immer eine Tür öffnet, wenn eine andere zugeht.

Interview mit Silke, Konditoreifachverkäuferin

»Also, wenn mich meine Tochter anfangs finanziell nicht unterstützt hätte, hätte ich am Ende des Monats hungern müssen. Ja, das war so!«

Schweigen. Ich sehe sie an und mir kommen Tränen in die Augen. Sie, das ist Silke, im Herbst ist sie 60 Jahre alt geworden. Silke ist gelernte Konditoreifachverkäuferin und arbeitet in der Filiale einer großen Bäckereikette im Rhein-Main-Gebiet.

Seit vielen Jahren kennen wir uns vom Brötchenkaufen. Mit Silke komme ich schnell ins Gespräch, wir halten oft unser »Schwätzchen« über die Theke, über Gott und die Welt und das Wetter. Ich kenne sie zwar schon länger und weiß eigentlich doch nichts über sie – mehr als ein Smalltalk war nicht drin.

Wenn ich aber ein Buch über Geld und Glück schreibe, möchte ich wissen, was beides für Silke bedeutet. Wie viel Geld sie verdient, ob sie damit über die Runden kommt, wie sie ihr Leben gestaltet.

Bei einem Kaffee außerhalb »ihres« Cafés plaudern wir zusammen und sie bietet mir das »Du« an.

»Silke, wie viel verdienst du?«

»Ich kriege inzwischen 13 Euro pro Stunde. Das ist 1 Euro mehr als der Mindestlohn. Als ich vor sechs Jahren von Nordhessen hierher kam, waren es 10 Euro. Damit habe ich angefangen.«

»Kommst du mit dem Geld hin?«

»Na ja, ich verdiene ja nicht die Welt. Ich zahle 729 Euro Miete im Monat. 90 Euro brauche ich für eine Busfahrkarte. Das ist viel Geld für mich. Deswegen würde ich auch gerne in eine andere Filiale bei mir um die Ecke wechseln, dann könnte ich mir das Geld sparen. Wir kriegen einen Inflationsausgleich gezahlt, steuerfrei vom Arbeitgeber. Das sind 80 Euro monatlich als Zubrot, weil die Inflationsrate so hoch ist. Seit diesem Jahr zum Glück steuerfrei. Damals, als ich hierhergezogen bin, habe ich mir übers Internet den Job bei der Bäckerei gesucht. Meine Tochter ist inzwischen 25 Jahre alt und hat mich anfangs unterstützt. Dafür bin ich ihr sehr dankbar. Heute komme ich über die Runden. Ich habe versucht, Wohngeld zu bekommen, und war beim zuständigen Amt. Weißt du, was die Dame dort gesagt hat? Am Ende kam heraus, ich verdiene 20 Euro zu viel im Monat, ich bekomme kein Wohngeld.«

»Kannst du etwas sparen?«

»Ich lege mittlerweile 50 Euro pro Monat weg. Davon plane ich Urlaub. Ich habe seit einem Jahr einen netten Partner, der ganz gut verdient, aber ich möchte mich von ihm nicht aushalten lassen. Nur, wenn es wirklich mal eng wird, zahlt zur Not mein Partner oder meine Tochter springt ein.«

»Urlaub – wohin soll es denn gehen?«

»Also wenn, dann würden wir gerne mal fliegen. Mein Freund fliegt zwar nicht gerne, aber er würde es mir zuliebe noch einmal tun, hat er gesagt. Im Mai geht es eine Woche in die Türkei mit meiner Tochter, das habe ich von meiner Tochter zum 60. Geburtstag geschenkt bekommen und darauf freue ich mich. Ich war fünf Jahre lang nicht im Urlaub. Gut, mal so ein Städtetrip vielleicht. Das hat das 9-Euro-Ticket ermöglicht. Damit bin ich ein bisschen herumgekommen. Es war schon eine große Erleichterung.«

»Du arbeitest noch ein paar Jahre und dann gehst du in Rente. Wie bist du finanziell fürs Alter aufgestellt?«

»Ich habe finanziell für die Rente vorgesorgt. Ich war verheiratet und habe noch eine Zusatzrente von meinem Ex-Mann. Ich müsste also insgesamt so viel haben, wie in der Zeit, in der ich arbeite. Ich halte noch ein paar Jahre durch. Ich habe noch eine kleine Zusatz-Rentenversicherung und wenn ich dann noch mal so 100 bis 150 Euro dazu bekomme, dann habe ich mein Auskommen. Mein Partner und ich wollen bald zusammenziehen, dann können wir auch noch was sparen.«

»Was würdest du dir gerne leisten können?«

»Ich hätte gerne ein Auto. Ja, das hätte ich gerne, aber das kann ich mir nicht leisten. Ich habe den Führerschein, manchmal nehme ich das Auto meines Freundes.«

»Silke, du arbeitest in einem – sagen wir mal – privilegierten Stadtteil in der Bäckerei. Wie empfindest du das?«

»Also, ich muss da manchmal sagen, ich wundere mich, was die Leute so für ein Geld bei uns lassen. Was machst du denn mit Backwaren für 50 Euro?«

»Bekommst du manchmal Trinkgeld, springt etwas für dich heraus?«

»Ja, da springt was raus. Von der einen Kundin hatte ich mal 50 Euro zu Weihnachten bekommen. Und ein Mann bringt mir manchmal eine Flasche Sekt vorbei. Dabei trinke ich gar keinen Sekt. Davon kriege ich immer Kopfweh und er schmeckt mir auch nicht. Im Großen und Ganzen sind sie eigentlich alle nett. Bis auf wenige Ausnahmen.«

»Was bedeutet für dich Reichtum?«

Sie denkt kurz nach. »Reichtum ist für mich … ein eigenes Haus! Oder vielleicht auch Reisen können, wohin ich will. Und nicht auf jeden Cent gucken. Das wäre für mich Reichtum. Und einer an meiner Seite, der mich liebt, das ist meine Vorstellung von Reichtum. Ich bin kein Mensch, der auf Luxus wert legt, ich bin auch mit dem zufrieden, was ich habe. Aber mal so ab und zu shoppen zu gehen, ohne aufs Geld gucken zu müssen, das wäre schön.«

»Die Schere zwischen Arm und Reich geht nicht nur in Deutschland immer weiter auseinander. Magst du mir dazu etwas sagen?«

»Ich finde das nicht schön. In meinen Augen werden die Armen oft diskriminiert. Ich bin auch arm, wenn man es so sieht. Aber ich möchte nicht in eine bestimmte Schublade gesteckt werden, nur weil ich weniger habe. Ich merke das manchmal in dem Stadtteil, wenn die Damen mit dem Pelzmantel hereinkommen, dass sie teilweise unfreundlich sind, hochnäsig, meinen, sie wären etwas Besseres.«

»Gibt es etwas, das du dir leistest oder gönnst?«

»Ja, ich leiste mir meine Zigaretten, immer noch. Ich kaufe eine Schachtel, die reicht dann so drei bis vier Tage. Die Packung kostet zehn Euro. Das ist mein kleiner Luxus.«

Wenn ich mit Silke spreche, eröffnet sie mir so eine ganz andere Welt und ihre Sicht auf die Dinge. Sie sagt einen Satz, der mich nachdenklich stimmt. Sie würde gerne erreichen, dass die Menschen hinter der Theke genauso behandelt und erst genommen würden wie diejenigen vor der Theke.

Silke erzählt dann noch, dass sie neulich mit der Firma essen waren und dass ihr Chef jedem 20 Euro Essensgeld gegeben hätte, als Zuschuss. Sie sei aber nicht lange geblieben, schließlich hätte sie am nächsten Morgen wieder früh rausgemusst.

»Wenn ich Frühschicht habe, fange ich um halb sechs an, bekomme aber erst ab sechs Uhr bezahlt.«

Sie erzählt mir auch von der Krux, dass sie keine Kollegen mehr bekäme, vom Fachkräfte- oder Arbeitskräftemangel.

Ich bin dankbar, dass Silke einen Teil ihrer Freizeit mit mir verbracht hat und mir so bereitwillig aus ihrem Leben erzählt hat.

Allzu oft interviewe ich Chefvolkswirte, CEOs großer Firmen und berichte über die wirtschaftliche Weltlage. Viel zu wenig finden die Gehör, die viel mehr sind und gehört werden sollten. Immer wieder ist die Rede von mehr Chancengleichheit in unserem Land. In jeder Haushaltsdebatte und damit jedem Schlagabtausch im Bundestag geht es darum.

Wir sehen zu, wie der deutsche Mittelstand, eine tragende Säule des Wohlstands, langsam immer mehr verschwindet. Dafür geht die Schere zwischen Arm und Reich immer weiter auseinander. Sowohl die Warteschlangen vor den Luxuskonzernen bei Chanel oder Louis Vuitton und Cartier auf der Frankfurter Goethestraße als auch die Warteschlangen für die Essensausgaben bei den Tafeln werden länger. Es gibt immer mehr Reiche und gleichzeitig immer mehr Arme.

Wie kann es sein, dass Silke mir im Jahr 2023 mit einer Berufsausbildung und einem Job sagt, dass das Geld nicht gereicht hat und sie hätte hungern müssen, wenn ihre Tochter sie nicht unterstützt hätte?

Deutschland ist die viertgrößte Volkswirtschaft der Welt. 2021 lag das Bruttoinlandsprodukt bei rund 3,6 Milliarden Euro. Das durchschnittliche BIP in Euro pro Person bei mehr als 43.000 Euro (Quelle: laenderdaten.info). Das ist wohlgemerkt der Durchschnitt. Menschen wie Silke gibt es viele, viel zu viele in unserem reichen Land!

Interview mit Dr. Friederike Köhler-Geib, Chefvolkswirtin der KfW

Falls du dich für den Kauf einer Immobilie entscheiden solltest (siehe das Kapitel dazu weiter hinten im Buch), kommst du möglicherweise an ihrem Unternehmen nicht vorbei. Es ist die Kreditanstalt für Wiederaufbau, kurz, KfW. Ein KfW-Kredit unterstützt dich beim Hausbau, indem er den Bau energieeffizienter Gebäude fördert.

Doch weg vom Bau, hin zur Bundesrepublik: In Deutschland haben wir manchmal die Vorstellung, dass alles so schön bleibt, wie es ist. Aber es ist möglich, dass wir künftig mit einem massiven Wohlstandsverlust klarkommen müssen. Deutschland als ein »Industrial Giant«, wie ich auch schon gehört habe, könnte ins Wanken geraten. »Wir müssen jetzt die Weichen stellen, damit wir auch in Zukunft in Wohlstand leben können.« Diesen Satz höre ich von einer, die es wissen muss, Friederike Köhler-Geib. Seit November 2019 ist sie Chefvolkswirtin der KfW und leitet die volkswirtschaftliche Abteilung der Bankengruppe. Die KfW gehört zu 80 Prozent dem Bund und zu 20 Prozent den Ländern. Das wollte ich von jemandem hören, der sich seit 20 Jahren bestens auskennt in der globalen Finanzwelt – Friederike Köhler-Geib. Köhler-Geib analysiert die für die KfW relevanten Trends auf den Finanzmärkten und setzt Impulse in der wirtschafts- und finanzpolitischen Diskussion. Als Interviewpartnerin kenne ich sie schon länger von der Börse. Ihr Terminkalender ist immer pickepackevoll, kein Wunder, denn in ihrer Position bleibt kaum ein Zeitfenster für außerdienstliche Termine übrig. Ihre Vita liest sich wie ein Reise-Erlebnisroman. Universität in München, St. Gallen, dann Pompeu in Spanien, Paris, Michigan, Weltbank Washington. Mutter dreier Kinder ist sie außerdem und gibt mir zu verstehen, dass es nicht auf die Menge der Zeit ankommt, sondern auf die »Quality time«, die sie mit ihren Kindern verbringt. Sie ist eine »working mum«, wie sie im Buche steht. Außerhalb Deutschlands ist das völlig normal und die Diskussionen, die darüber immer noch hierzulande geführt werden, findet sie nervig. Mit ihrer Ausbildung als Fundament wollte sie nicht nur Hausfrau und Mutter sein.

Ihre Bank, die KfW, ist den Häuslebauern ein Begriff, die einen Förderkredit für besonders effiziente Wohnhäuser bei ihr beantragt oder auch bewilligt bekommen haben. Aber die KfW-Bank machte im Jahr 2008 auch schon ganz andere Schlagzeilen. Als »Deutschlands dümmste Bank« bezeichnete die *BILD*-Zeitung damals die Staatsbank KfW, als diese nach der Pleite der US-Bank Lehman Brothers Geld in Höhe von rund 300 Millionen Euro als Termingeschäft auf deren Konto überwies.

Trotz bereits alarmierender Nachrichten über die mögliche Pleite der Bank aus den USA hatte niemand die Zahlung gestoppt. Die KfW war daraufhin massiv in die Kritik geraten, es folgten Entlassungen und Gerichtsverfahren. Jahrelang war das Geldhaus nur mit »Pleiten, Pech und Pannen« in Verbindung gebracht worden. Diese Zeiten hat es längst hinter sich gelassen.

Die KfW-Bank warnt vor einer Ära des schrumpfenden Wohlstandes in Deutschland. Ein »Weiter-so« sei nicht mehr möglich. Arbeit müsse produktiver werden durch Bürokratie-Abbau und Innovationsförderung. Passender könnte der Zeitpunkt für unser Gespräch nicht sein.

»Rund um die Lehman-Pleite haben sich die Banken untereinander nicht mehr vertraut und es drohte der Zusammenbruch des Finanzsystems. Vertrauen sich die Banken in diesen Krisenzeiten mehr untereinander?«

»Die Finanzkrise 2008/09 und dann die Covid-Krise und jetzt die Energiekrise sind sehr unterschiedliche Krisen. Vor der Finanzkrise 2008/09 hatten sich ja Verletzlichkeiten in der Wirtschaft aufgebaut. Da gab es starke Missstände, zum Beispiel die mit zu guten Ratings versehenen gebündelten, schlechten Kredite. Nach der 2008/09-Krise hat sich viel im Bankensektor getan, auch mit Blick auf Regulierung. Der Covid-Schock kam von außerhalb der Wirtschaft. Zusammen mit den staatlichen Unterstützungsmaßnahmen haben die Banken maßgeblich dazu beigetragen, dass in dieser Krise die Wirtschaft weitergelaufen ist, weil die Banken, die Unternehmen weiter mit Krediten versorgt haben während der Lockdowns. Momentan wird die Lage mit der Energiekrise allerdings wieder schwieriger, denn die Banken werden angesichts der hohen Unsicherheit vorsichtiger, was die Kreditvergabe an Unternehmen angeht. Da sind es gute Nachrichten, dass die Energiepreise wieder deutlich gesunken sind. Allerdings wird die Unsicherheit weiter hoch bleiben, unter anderem weil die Zentralbanken durch die hohe Inflation zu deutlichen Zinsschritten gezwungen sind, weil weiter dringend das Angebot an erneuerbarer Energie ausgebaut werden muss.«

»Du analysierst für deine Bank die Trends in Wirtschaft und Gesellschaft. Nun haben wir ein extrem ungewöhnliches Jahr hinter uns, einen Krieg in Europa und eine Inflation, die zwischenzeitlich im zweistelligen Bereich gelegen hat. Was beobachtest du bei den Menschen?«

»Mein Eindruck ist, dass viele Leute in Deutschland sich wirklich sehr an die neue Situation anpassen und dazu auch in der Lage sind. Zum Beispiel mit den Schulschließungen haben viele Kolleginnen und Kollegen Homeschooling für ihre Kinder bewerkstelligt und trotzdem tolle Arbeit geleistet.

Ich beobachte, dass es mit den ganzen Krisen sehr viel Hilfsbereitschaft gibt, zum Beispiel Einkaufen für ältere Nachbarn oder Ähnliches. Allerdings haben wir auch eine Entwicklung, dass durch Covid Menschen unterschiedlicher Gruppen sich weniger vermischt haben. Ich habe dazu einen sehr guten Vortrag von Professor Dr. Jutta Allmendinger gehört. Ihr Punkt war, dass Menschen sich während Covid weniger an öffentlichen Orten gesehen, getroffen haben und dass das dazu beiträgt, dass es innerhalb der Gesellschaft weniger gegenseitiges Verständnis gibt. Das fördert extreme Positionen. Es erscheint mir zentral, dem, jetzt, wo es möglich ist, entgegenzuwirken und Gelegenheit für Begegnung zu schaffen«.

»Du bist eine Working Mum und hast keinen Halbtagsjob oder Teilzeit. Wie bekommst du Beruf und Familie unter einen Hut?«

»Ich hoffe, du stellst diese Frage auch den männlichen Interviewpartnern. Eine Beobachtung seit meiner Rückkehr aus den USA hier in Deutschland ist, dass ich es wichtig finde, dass wir über *Eltern* und weniger über *Mütter* sprechen. Wie jeder und jede, der/die eine anspruchsvolle berufliche Aufgabe hat, habe ich zu Hause ein super Team.«

Eine menschelnde Frage zum Schluss, die so gar nichts mit Wirtschaft und der KfW-Bank zu tun hat, wollte ich ihr dann doch noch stellen, da ich dieses Interview kurz vor Weihnachten geführt habe.

»Fritzi, Weihnachten steht vor der Tür. Ich gehe jetzt mal ein auf dein ›Zuhause habe ich ein super Team‹. Was gibt es bei dem super Team denn Heiligabend zu essen?«

Und dann sagt sie mir ganz keck:

»Würstchen mit Kartoffelsalat!«

Die Bedeutung des Geldes im Wandel der Zeit

Zu Beginn des Buches sagte ich schon, dass »Geld haben« und »Karriere machen« für jeden von uns ganz individuell ist. Der Wertewandel der Gesellschaft spielt dabei eine immer größere Rolle.

Wir alle bekommen die unterschiedlichsten Dinge mit in die Wiege gelegt. Seien es nun angeborene genetische, gesundheitliche Faktoren oder Werte und Normen durch unsere Erziehung. Hinzu kommen dann die Einflüsse unserer Umwelt, die sich auch auf unsere Entwicklung auswirken.

Ebenso wachsen wir finanziell unterschiedlich auf. So wird unser Ansporn, »etwas aus uns zu machen und etwas zu werden«, durch das geprägt, was wir erleben oder uns selbst für unser Leben vorstellen. Meine Beobachtung ist, dass sich der Fokus auf diese Dinge im Laufe des Lebens eines jeden Einzelnen, aber auch im Laufe der Generationen vollständig wandelt.

Als ich zur Schule ging, haben uns einige Lehrer eingetrichtert, wir sollten später dorthin gehen, wo unser Job ist. Die meisten von ihnen wären nicht auf die Idee gekommen, uns zu raten, in der Heimatstadt (zugegeben recht überschaubar von der Größe) zu bleiben und Rücksicht auf Familie oder Freunde und Bekannte zu legen. Gerade einmal eine Klassenkameradin kommt mir spontan in den Sinn, die schon damals gesagt hat, sie bleibe dort, wo ihr Freund und ihre Familie lebten, und würde nicht weiter als im Umkreis von vielleicht 30 Kilometern studieren wollen.

Sie war damals eine echte Exotin. Alle anderen wollten weg, daran bestand kein Zweifel.

Es waren jedenfalls die Zeiten, in denen uns von älteren Generationen nahegelegt wurde: »Lehrjahre sind keine Herrenjahre.« Danach lebten die meisten von uns und in diesem Glauben wuchsen wir auf. Also hat der Chef das Sagen und wir folgen (meist ohne viel darüber nachzudenken), denn das Hinterfragen kam für viele von uns tatsächlich erst deutlich später.

Wir, damit meine ich in diesem Fall die Jahrgänge zwischen Mitte der 1960er- bis Anfang der 1980er-Jahre, die Generation X. Ich weiß, dass es – je nach Quelle – zu unterschiedlichen Jahreszahlen in der Definition kommt.

Die Generation X

»Meine« Generation wird charakterisiert durch ein relativ hohes Bildungsniveau. Auch soll sie sich durch ein ausgeprägtes Konsumverhalten auszeichnen. Es wird zu viel gekauft und vor allem Dinge, die entbehrlich sind. Oder die Generation X kauft gar nichts, weil die Auswahl eher abschreckend als anziehend wirkt. Auch das soll vorkommen.

Wir wollten Geld verdienen und es bestenfalls vermehren. Dafür waren wir bereit, dorthin zu gehen, wo der Job uns brauchte. In der Generation X wurde wenig infrage gestellt. Klar gab es auch Leute, die gerade dies in Schule und Studium taten, zum Glück sogar, aber sie waren tatsächlich eher die Ausnahme. Es war eben so – viel zu sehr waren wir noch geprägt vom Denken und Handeln unserer Eltern und Großeltern: »Schaffe, schaffe, Häusle baue«, wie der Schwabe sagt.

Politisches Interesse der Generation X? Eher Fehlanzeige. So wird unsere Generation zumindest beschrieben und ich kann nur aus Erfahrung sagen, dass frühere Lehrer oder Dozenten uns tatsächlich vorhielten, uns »sei ja alles egal« und wir seien in keinster Weise politisch engagiert oder motiviert. Klarer Fall: Der Dauer-Bundeskanzler war Helmut Kohl und *das* große politische Ereignis unserer Jugend war der Mauerfall und der Zusammenbruch der DDR. Es lief alles seinen gewohnten Gang, politische Umstürze erzielten andere – die 1968er zum Beispiel vor uns. Wir folgten und die meisten von uns mussten uns um recht wenig selbst kümmern.

Unsere Mütter und Väter haben gekämpft – Alice Schwarzer für die Emanzipation, andere für die 35-Stunden-Woche. Also warum sollten wir politisch motiviert sein? Es war für vieles in Politik und Gesellschaft zu spät und für manches zu früh.

Die Baby-Boomer vor uns hatten uns den Weg frei gemacht und die Digitalisierung oder das Bewusstsein, außer einer Friedenstaube oder eines »Atomkraft nein danke«-Aufklebers wirklich etwas für die Umwelt tun zu müssen, war bei manchen auch noch nicht so stark in den Köpfen verankert. Geradezu »revolutionär« war die Einführung der Mülltrennung, die Tatsache, dass Plastik nun in den Gelben Sack gehörte, oder die Einführung des Dosenpfands. Als ich klein war, gab es nur eine Mülltonne (und regelmäßig im Winter noch Schnee)!

»Und kost' Benzin auch drei Mark zehn – scheißegal, es wird schon geh'n. Ich will Spaß, ich geb Gas, ich geb Gas.« Nach diesem Motto und dem Lied von Markus von der Neuen Deutschen Welle lebten viele von uns – sorgenfrei.

Als weitere, typische Eigenschaften der Generation X werden Oberflächlichkeit und Egoismus genannt. Na ja, wenn jeder an sich selbst denkt, ist ja an alle gedacht, könnte man hier zynisch sagen. Aber klar, denn das Individuum ging ja dorthin, wo der Job ist, und verließ Familie und Freunde, so, wie ihm geraten wurde. Das kann man dann schon als Egoismus bezeichnen.

Und man fuhr einen VW Golf. Mindestens einer war immer im weiteren Familien- oder Freundesumfeld zu finden, der dieses Auto fuhr. Nicht umsonst werden »wir« ja auch als »Generation Golf« bezeichnet.

Kate Moss räkelte sich bei Calvin Klein in der Werbung auf dem Sofa und an ihr war kaum etwas dran. Wir Mädels rochen damals auch alle abwechselnd nach »Obsession« oder »Eternity« von Calvin Klein. Nicht zu vergessen: »Lou Lou« von Cacharel machte den Anfang.

Ich frage mich gerade, wie das wohl damals für die Jungs in unserer Klasse auf dem Gymnasium war, wenn alle Mädels das gleiche Parfum benutzten? Es war nicht wahnsinnig originell, muss ich zugeben. Aber in der Pubertät passiert ja manches, was man heute nicht mehr nachvollziehen kann.

Also, du merkst: Eine gewisse Oberflächlichkeit war durchaus vorhanden. »Diversity« auf dem Laufsteg: Fehlanzeige! Bei den Mädels mit durchschnittlich 1 Meter 70 Körperlänge ein Gewicht von deutlich über 60 Kilogramm? Das gab es kaum. Knallhart: Es war fast ein No-Go an meiner Schule damals.

Die Menschen der Generation X seien, so heißt es, Menschen ohne besondere Perspektiven, hätten eine relative Gleichgültigkeit, keine besonderen Interessen und seien relativ ziellos. Na bravo, wir kommen im Allgemeinen in den Beschreibungen nicht besonders gut weg. Warum ist das so? Warum mussten wir uns eigentlich nicht sonderlich anstrengen? Weil es für die meisten alles in Hülle und Fülle gab.

Die Zahnspange für die Korrektur der weißen Beißerchen bezahlte die Krankenkasse, die Mutter-Kind-Kur ebenfalls, wir hörten »Die Rente ist sicher« von Arbeitsminister Norbert Blüm und viele von uns führten ein Leben wie »Bolle auf dem Milchwagen«. Worüber sollten wir uns schon Sorgen machen? Es ging ständig wirtschaftlich bergauf.

Was aber das Wichtigste war: Es herrschte Frieden und Europa wuchs zusammen. Die Einführung des Euro und das Wegfallen der Grenzkontrollen, wenn man von Deutschland nach Spanien mit dem Auto fuhr, war das Größte. Ich danke an dieser Stelle allen, die sich damals und heute dafür einsetzten, dass Europa zusammenwächst, denn ich kann mich noch gut an die Zeiten erinnern, in denen das nicht so war. Europa ist ein Geschenk, von dem die Generation X vielleicht die erste war, die sehr davon profitiert hat. Das sollten wir nicht vergessen – und die nachfolgenden Generationen auch nicht.

Ein Großereignis in dieser Zeit war der Mauerfall. Den sahen wir im Fernsehen. Wir, die Generation, bei der es ein erstes, ein zweites und ein drittes Programm gab. ARD, ZDF und das landeseigene Regionalprogramm. Im Jahre 1984 zog dann auch das Privatfernsehen in die deutschen Wohnzimmer ein. Jetzt beherrschte nicht mehr nur Thomas Gottschalk mit *Wetten dass ...?* den Samstagabend, sondern in regelmäßigen Abständen auch Linda de Mol auf RTL mit ihrer *Traumhochzeit*.

Unsere Freizeitgestaltung verbrachten wir Vertreter der Generation X als Pioniere der Medienwelt mit dem Commodore 64. Aber klar, wir machten auch Sport. Tennis stand damals hoch im Kurs. Das war kein Wunder, nahmen sich doch viele Anhänger dieser Sportart Ausnahmetalente der damaligen Zeit wie Steffi Graf und Boris Becker zum Vorbild.

Wenn man gefragt wurde, was man beruflich später einmal machen möchte, war es wenig verwunderlich, dass viele geantwortet haben »irgendetwas mit Medien«.

So gingen einige dann in Richtung Medien, auf jeden Fall aber Mal Richtung Job. Das war in diesem System so. Wenn wir den Job nicht machten, bekam ihn eben ein anderer. Es waren damals schließlich genügend Bewerber da, die in der Schlange standen und auf den heiß begehrten Studienplatz oder Job warteten.

Der Chef hatte das Sagen und musste sich seine Favoriten nur aussuchen.

Ja, so war das mit uns Menschen der Generation X, bis irgendwann, Anfang der 1980er-Jahre, eine neue Generation heranwuchs.

Geld hatte damals seinen Preis! Zwischen Mitte der 1980er-Jahre und Beginn der 1990er-Jahre verlangten die Banken für Kreditzinsen zwischen 7,5 und 9 Prozent Zinsen. Die Inflation hatte 1992 mit 5 Prozent auch einen hohen Wert erreicht, in den Jahren zuvor und danach fiel sie aber dann wieder moderater aus. Die Gen X lebte zu Zeiten des Freudentaumels rund um den Mauerfall und vermutlich hatten recht wenige echte Existenzängste. Aus heutiger Sicht führten die meisten der Generation X damals ein »vogelfreies« Leben, ohne es zu lapidar klingen zu lassen. Es standen uns viele Türen offen ...

Die Generation Y

Wieso sollte ich das tun? Macht es mich glücklich? Und welchen Mehrwert bringt es mir eigentlich? Nicht umsonst wird die Generation der Jahrgänge zwischen Anfang der 1980er bis zu den späten 1990er-Jahren Generation Y, englisch »WHY?«, genannt.

Ich selbst hätte ja früher nicht gedacht, dass ein paar Jahre mehr oder weniger hier so einen Unterschied machen würden – aber es ist tatsächlich so und es zeigt sich immer wieder in meinem Alltag, wenn ich auf die »Y«er treffe.

Die Generation Y gilt ebenfalls als überwiegend gut ausgebildet. Viele von ihnen haben oftmals einen Hochschulabschluss. Die »WHYs« haben einen technikaffinen Lebensstil. Kein

Wunder, sind sie doch die erste Generation, die Großteils mit Handy, Internet und mobiler Kommunikation aufgewachsen ist – die erste Generation, die man als »digital native« bezeichnen kann.

In den Chefetagen haben nun längst aktuell die 1980er-Jahrgänge Einzug gehalten. Die 1970er gehören hier schon ganz langsam zum »älteren Eisen«. Ich kann und darf das sagen, zähle ich doch selbst dazu.

Die Generation Y schätzt ihre »Community«, ihre Gemeinschaft von Gleichgesinnten. Sie arbeitet lieber in Teams als in Hierarchien. Deutlich wichtiger als Statussymbole, Prestige und materieller Reichtum ist es für sie, Spaß an der Arbeit zu haben und bestenfalls noch einen tieferen Sinn darin zu sehen. Freiheiten privat und im Job sind tonangebend, es geht um Selbstverwirklichung und allem voran um Zeit, um L-e-b-e-n-s-z-e-i-t, und die möchte man sich schön machen.

So viel mehr als Geld ist für die Generation Y die Möglichkeit zur Selbstverwirklichung, die Zeit für Familie und Freizeit eine zentrale Forderung. Doch machen wir uns nichts vor, woran diese Einstellung liegt. Zum einen daran, von vorherigen Generationen vielleicht gelernt zu haben, den Fokus anders zu setzen. Zum anderen liegt ein Überangebot vor, vieles ist in Hülle und Fülle vorhanden und bereits erwirtschaftet worden. Es liegt aber auch daran, dass diese Generation sowieso den Sinn im Sparen nicht mehr derart erkennen kann wie die Generationen vor ihr.

Während ich dieses Buch schreibe, steigen die Zinsen wieder leicht an. Von 0 auf rund 3,5 Prozent. Schön und gut, sie sind aber immer noch gering. Die Preise für Immobilien sind hingegen so hoch, dass sich selbst sehr gut ausgebildete »double income, double kids« nur noch in den seltensten Fällen ein Eigenheim leisten können. Zwei Akademiker, zwei volle Gehälter, zwei Kinder – in manchen Gegenden Deutschlands ist es für sie finanziell unmöglich, ein Häuschen oder eine Wohnung zu kaufen. Dieses Ziel und der Traum vom Eigenheim ist für viele unerreichbar. Mit diesem Bewusstsein ändert sich vieles.

Hinzu kommt eine ganz zentrale Sache: der demografische Wandel. In einem Land, dem die Fachkräfte ausgehen, kann der Arbeitnehmer ganz andere Forderungen stellen. Denn er weiß, er wird gebraucht.

Ist es bei der Generation X noch der Chef, der das Sagen hat, wandelt sich so langsam mit der Generation Y der deutsche Arbeitsmarkt. Wer die Regeln und die Arbeit bestimmt, verschiebt sich so ganz allmählich. »Arbeit zahlt sich nicht mehr aus«, sagen viele Anhänger dieser Generation. In diesem System ist es noch viel wichtiger, dass das, womit man Geld verdient, einen auch glücklich macht.

Die WHYs können es sich ein Stück weit auch leisten, die Regeln und die Work-Life-Balance einzufordern. Denn wenn sie es nicht machen, gibt es eben auch keinen anderen mehr, der bereit ist, es zu tun. Der zunehmende Fachkräftemangel bestimmt die Regeln des Arbeitsmarktes – und nicht umgekehrt.

> »Es gibt kein größeres Glück als Unabhängigkeit. Darin liegt für mich der einzige Wert des Geldes.«
>
> Mario Adorf

»Geld interessiert mich überhaupt nicht«: Gespräch mit Mike, Generation Y

»Geld interessiert mich überhaupt nicht. Geld interessiert mich nur in dem Zusammenhang, dass es mir dabei hilft, meine Träume zu verwirklichen. Mein Ziel ist erreicht, wenn ich nie wieder über Geld nachdenken muss.«

Diesen Satz höre ich im Februar 2022. Er stammt von Mike, einem 1982 geborenen Österreicher, der sein Leben komplett auf den Kopf gestellt hat. Nach dem Abitur ging er zum österreichischen Militär und absolvierte hier alles andere als den »Schonwaschgang«. Er wurde bei der Eliteeinheit »Alpin Special Forces« angenommen und ging mit ihnen zu Einsätzen im Kosovo. Schon bei der Musterung wollte er es wissen und fragte recht ungewöhnlich: »Was ist die physisch herausforderndste Einheit?«

Er war Teil der Nato-Einheit für Frieden schaffende Maßnahmen. Ausgebildet ist er auf Pistole, Sturmgewehr, Maschinengewehr und Panzerabwehr. An der Grenze zu Albanien nahm er nachts Waffen- oder Drogenschmuggler fest. In der Nacht wurden er und seine Kameraden abgeholt mit dem Blackrock-Panzer – zu 48 Stunden Nonstop-Einsätzen im Krisengebiet.

Eine harte Schule. Nach 14 Monaten Ausbildung ging es für ihn zurück ins zivile Leben und in den Alltag. »Der Rückweg war skurril«, erzählt er mir. »Wenn du dann zurückkommst und vielleicht ein Knöllchen fürs Falschparken bekommst oder darüber nachdenkst, dass eine Kassiererin im Supermarkt verurteilt wird, weil sie für knapp vier Euro eine Tüte Gummibärchen geklaut hat, fällt das Verständnis schon entsprechend schwer.«

Zurück in der österreichischen Welt folgte ein betriebswirtschaftliches Studium mit Auszeichnung. Im Silicon Valley, in Bulgarien und in Österreich hat Mike Start-ups mitaufgebaut. Es war meistens ein 12-Stunden-Tag für ihn, mindestens, sagt er. Ich habe geschuftet, bis ich abends noch zum Sport ging (oder, wie der Ösi mir sagt, »ins Gym«), müde und erschöpft ins Bett fiel und der nächste Tag wieder genau so ablief.

Er ackerte, war in Meetings mit Menschen, die höher, weiter, schneller wollten auf der Suche nach dem maximalen Gewinnstreben und Anerkennung. Am meisten suchten sie Anerkennung vor sich selbst, das Schenkelklopfen, was man doch für ein toller Hecht ist.

Zeit? Freiräume? Gestaltung? Fehlanzeige! Der Verdienst war super, aber es gab für Mike keine Möglichkeiten, das viele Geld, das er verdient hat, auch tatsächlich auszugeben, geschweige denn Freude daran zu haben. Für Freunde blieb sowieso kaum ein »Timeslot«, ein Zeitfenster, übrig.

Schluss damit, dachte sich dieser Anhänger der Generation Y. Das kann es ja wohl nicht gewesen sein. Why? Warum mache ich das, wenn es mich nicht glücklich macht und sich mir so langsam der Sinn des Ganzen nicht mehr erschließt?

Was hat Mike schließlich gemacht? Viel gelesen, über den Sinn und Zweck des Lebens. Er hat sein Mindset verändert, über Ziele und Werte nachgedacht und auch darüber, wo er leben möchte. Und er hat sich bei TUI, dem weltgrößten Reisekonzern, beworben. Nicht etwa als Projektmanager, Controller oder Teamleiter hat er dort angeheuert. All das hätte vermutlich seinem Portfolio und seinem vorherigen Verdienst deutlich mehr entsprochen. Nein, er wollte einfach Reiseleiter sein – und er wurde angenommen.

»Schöne Ferien« war einmal der Werbeslogan seines Arbeitgebers. Heute ist es: »TUI – Life Happy«. Und genau das ist Mike heute auch, happy. Zunächst verschlug es ihn als Reiseleiter nach Griechenland, danach nach Spanien und dann nach Dubai. Er hat gefunden, was er gesucht hat, und sei angekommen, sagt er mir. Der wirtschaftliche Preis dafür? Ein sehr hoher. Die Gehaltseinbußen verglichen zu seinem früheren Job sind immens. Die Lebensqualität aber sei deutlich gestiegen.

Manchmal begleitet Mike Gäste auf einen Bootsausflug, fliegt mit ihnen im Hubschrauber über die Wolkenkratzer, fährt Jetski im Meer oder begleitet sie auf einer Tour in die Wüste. »Mit dem Sandboard dann die Dünen herunterzusausen ist fast so wie Snowboarden in der österreichischen Heimat im Winter«, sagt er mit einem Augenzwinkern. Nur dass es ihm deutlich besser gefällt, in der Wärme oder auch Hitze zu leben und der Lifestyle

»hier herunten« sei auch deutlich lässiger und entspannter als in Österreich.

Ewiger Sommer, endlich Zeit für Sport, so, wie er ihn will, die Fallschirmspringer-Ausbildung steht als Nächstes auf seinem Programm. »Ja, Sina, wir haben nur ein Leben«, sagt er mir. Hoffentlich hat er mehrere Fallschirme, die sich öffnen, wenn er springt, denke ich mir. Er ist Single, kinderlos, für sich allein verantwortlich. Niemand hindert ihn daran, seine Träume zu verwirklichen. Er kann sich sein Leben vogelfrei gestalten.

Mike steht sinnbildlich für eine neue Denkweise. Wenn es auch den meisten dieser Generation Y nicht so geht und sie ein, sagen wir mal, durchaus bürgerliches Leben mit Job und Familie führen, die Leichtigkeit und Unbekümmertheit von manch einem der Generation Y ist für mich beeindruckend. Dann und wann kann sie auch ansteckend wirken.

»Wenn ich abends von den Gästen das Feedback bekomme, ›du hast uns einen super Ausflug empfohlen, es war ein tolles Erlebnis, wir hatten eine schöne Reise‹, bin ich zufrieden. Und wenn sie dann noch sagen, wir freuen uns mit dir, dass du nun in Dubai leben und deine Träume verwirklichen kannst, ja – was will ich denn dann noch mehr als so ein wunderbares Kompliment und andere Menschen glücklich machen?« Das sagt er mir mit einem zufriedenen Lächeln in seinem türkisblauen TUI-Shirt.

Die Generation Z oder die »GenZies«

Nach den Millennials (der Generation Y) haben die Post-Millennials das Licht der Welt erblickt. Hat die Generation Y die digitale Welt noch weitestgehend in ihrer Jugend kennengelernt, zieht Digitales bei den Menschen, die in etwa zwischen 1997 und 2012 geboren wurden, häufig schon ins Kinderzimmer ein.

Das heißt, zumindest digital sind die GenZies den X- oder Y-Generationen haushoch überlegen. Schon in der Kindheit werden sie spielerisch an digitale Medien herangeführt und beherrschen sie dementsprechend mit Leichtigkeit. Uninteressantes wird auf dem Smartphone weggewischt. Bei mir war »Wisch und Weg« noch ein Haushaltstuch. Bei den Jüngeren ist es etwas völlig anderes und heißt im Übrigen nun auch »swipen« – gemeint ist die Wisch-Bewegung auf einem Touchscreen.

Anders als bei den Generationen vor ihnen haben sich für diese jungen Menschen inzwischen die wirtschaftlichen, politischen und kulturellen Bedingungen komplett verändert. Die Welt ist eine andere geworden. Es findet in so vielen Bereichen eine Transformation statt.

Die GenZies sind gut ausgebildet, aber Bestnoten in der Schule erzielen? Wozu? Das Streben nach sehr guten Schulnoten tritt bei ihnen immer weiter in den Hintergrund. Sie müssen nicht mehr die »High Performer« sein, denn der Arbeitsmarkt schreit geradezu nach ihnen.

Sehenden Auges läuft Deutschland Gefahr, Wohlstand einzubüßen, weil der Nachwuchs fehlt, der diesen jahrzehntelang wie selbstverständlich stets erwirtschaftet hat. Arbeitende länger arbeiten und später in Rente gehen lassen, die »stillen Reserven« in den Arbeitsmarkt integrieren, Arbeitskräfte aus dem Ausland rekrutieren und integrieren sind einige Vorschläge und Lösungsansätze.

Arbeitssuchende können meistens frei wählen, welchen Job sie von wo aus ausüben möchten, und müssen nicht mehr als Bittsteller auftreten. Entsprechend selbstbewusst und bisweilen kaltschnäuzig sind sie dann auch. Im Gegenzug entsprechend verzweifelt sind die Arbeitgeber.

Was sollen sie tun, wenn die Auswahl an gutem Personal völlig fehlt? Manchmal müssen sie nehmen, was sie kriegen können.

Dieses neue Phänomen krempelt den Arbeitsmarkt komplett um und wirkt sich langfristig auch auf das Arbeitsklima aus. Der Wandel am Arbeitsmarkt von einem Arbeitgeber- hin zu einem Arbeitnehmermarkt bringt zudem mit sich, dass sich junge Leute mehr auf ihre Leistungen außerhalb von Schule und Beruf konzentrieren. Während bei manch einem X-ler noch der Lebenslauf optimiert wurde und ja keine zeitliche Lücke darin aufzuweisen sein sollte, kommt es heute oftmals nicht mehr auf die Leistungsspitze, sondern auf den »Benefit« für die Gesellschaft an.

Eine zentrale Figur, die für die Generation Z steht, ist Greta Thunberg. Mit ihrem Schulstreik fürs Klima hat die Schwedin weltweit Aufsehen erregt und die »Fridays for future«-Bewegung ins Leben gerufen. Greta wurde zu einer Anführerin und zu einer Ikone für den Klimaschutz. Schülerinnen und Schüler versammelten sich, zumindest vor Corona, wöchentlich freitags auf den Straßen dieser Welt. Ihnen sind Schulnoten und die dortige Anwesenheitspflicht unwichtig. Sie gehen davon aus, dass das alles im Zuge des Klimawandels sowieso nicht mehr oberste Priorität haben wird. Sie protestieren gegen die Konzernlenker, die in ihren Augen viel zu viel für das Wachstum ihres Unternehmens und viel zu wenig fürs Klima tun. Wirtschaft und Politik erkennen ihrer Ansicht nach nicht die Zeichen der Zeit. Bei der Klimakrise gibt es aber keine Zeit mehr zu verlieren.

Wozu sollen wir also zur Schule gehen, wenn in Teilen dieser Welt Menschen sterben, weil ihre Häuser weggeschwemmt werden oder wenn sie hungern, weil eine Dürreperiode der nächsten folgt und sie ihre Kinder nicht mehr ernähren können? Sie protestieren für eine bessere Welt und dank der sozialen Medien sind Demonstrationen innerhalb kürzester Zeit organisiert.

Die Generation Z ist in meinen Augen eine deutlich ernstere, die viel über die Veränderungen in der Gesellschaft und den Wandel in dieser Welt nachdenkt – und sie auch tatsächlich verändern will. In ihren Augen ist es schon längst nicht mehr 5 vor 12, sondern viel später.

Eine im Jahr 2018 durchgeführte Studie aus den USA zeigt, dass in keiner Generation davor die Anzahl an therapierten jungen Menschen jemals so hoch war wie in dieser Generation Z. Die Herausforderungen sind groß und es bedarf vielleicht mehr denn je der generationsübergreifenden Zusammenarbeit und des Zusammenhalts.

Der amtierende Bundespräsident Frank Walter Steinmeier sagte in seiner Weihnachtsansprache im Jahr 2022: »Wir brauchen beides: den Ehrgeiz der Jungen und die Erfahrung der Alten!« Er bezog sich auf den Klimawandel, aber es ist auf fast alle anderen Lebensbereiche ebenfalls übertragbar.

Corona-Pandemie und Ukrainekrieg

Abgesehen von den verheerenden Folgen für Long-Covid-Patienten und denjenigen, die nachhaltig unter Impf-Nebenwirkungen leiden, wurden ab dem Jahr 2020 und dem Auftreten der Corona-Pandemie weltweit mehr psychische Erkrankungen festgestellt. Angststörungen und Depressionen haben vielfach zugenommen – und dieses übrigens nicht nur bei der Generation Z. Auch gibt es unter Jugendlichen wieder mehr Raucher, nachdem die Zahlen jahrelang zurückgegangen waren. Der Grund: mehr psychischer Druck.

Im Umfeld hörte ich von Bekannten immer wieder rund um die Corona-Lockdown-Zeiten von psychischen Problemen bei Jugendlichen aus Abiturjahrgängen oder Studenten. Sie litten unter dem »Homeschooling« oder geschlossenen Universitäten und Sporteinrichtungen.

Ein Kollege sagte mir, er habe seinem etwa 18-jährigen Sohn in dieser Zeit gesagt, er könne sich zwar gerne mit seiner Freundin treffen, dann aber bitte draußen, im Freien, auf dem Hof. Jetzt aber ohne Händchenhalten und Küssen und bitte im Abstand von 1,50 Meter. Er erzählt mir, wie schlecht er sich gefühlt habe, als er das gesagt hat, und dass es ihm als Vater fast das Herz gebrochen habe, seinen Sohn so leiden zu sehen. Aber »sicher war sicher«, fügte er an.

In den Jahren 2020 und 2021, als Corona noch so »frisch« war und die Bilder sowie Zahlen sterbender Menschen so präsent wie die täglichen Warnungen der Virologen, versetzte es die meisten in Angst und Schrecken. Für alle, aber besonders für die älteren und einsamen Menschen der Gesellschaft und für junge Leute, war es eine sehr harte Zeit.

Ältere litten darunter, dass sie ihre Liebsten nicht sehen durften, aus lauter Angst, sich anzustecken. Sie waren durch das Besuchsverbot in Altenheimen der Einsamkeit nahe.

Für die Jüngeren gab es Kontaktverbote in Zeiten, in denen frühere Generationen die »Leichtigkeit des Lebens« und ihre Jugend ausgelebt haben. »Dolce Vita« und Party machen war nicht möglich, Clubs und Diskotheken geschlossen. Wirtschaftlich gesehen bedeutete es für diesen Berufsstand eine Katastrophe und oftmals das finanzielle Aus.

Beruflich oder schulisch konnte vieles noch über digitale Medien abgefangen werden – privat war das schwieriger möglich. Nicht alles konnte via Teams- oder Zoom-Meetings gelöst werden. Überall gab es Be- und Einschränkungen in so vielerlei Hinsicht. Gepaart waren sie mit der Unsicherheit über ein Virus, das den meisten völlig unbekannt war.

Doch nicht nur das: Die Ansicht zu Corona spaltete die Menschen. Jeder ging damit anders um. Manche Freunde wollten sich nicht zum Spaziergang an der frischen Luft auf Abstand mit mir treffen. Andere nahmen das eher entspannt. Die einen ließen sich impfen, ein anderer sagte mir, er sei zwar gegen vieles geimpft, dagegen würde er sich aber nicht impfen lassen.

Komische Zeiten, bedrückende Zeiten, nicht enden wollende Zeiten …

Kaum dachten viele, die Corona-Pandemie zu Beginn des Jahres 2022 ganz langsam hinter sich lassen zu können, überlagerte sich Krise auf Krise. Wie hat es EU-Kommissionspräsidentin Ursula von der Leyen im Juni 2022 auf dem G7-Gipfel im bayerischen Ellmau zusammengefasst: »Die Dichte der Krisen ist einmalig!«

Als ich am 24. Februar 2022 aufgewacht bin, traute ich meinen Ohren nicht, als ich vom Angriff Russlands auf die Ukraine zunächst im Radio gehört habe. Ich war geschockt. So ging es wohl allen Menschen, die Frieden und Freiheit samt der Gesundheit als die wichtigsten Dinge in ihrem Leben ansehen. Doch so lange es Menschen und ihren Drang nach Macht und Gier gibt, so lange wird wohl nirgendwo auf der Welt dauerhaft Frieden herrschen.

Und so kam morgens der Anruf meines Kollegen: »Hast du es schon gehört? Der Krieg ist ausgebrochen, die wollen dich von der Börse schalten und etwas über die Reaktionen am Finanzmarkt hören. Wann kannst du da sein?«

Ich war noch im Bad, machte mich aber so schnell es ging auf den Weg nach Frankfurt an die Börse. Im Auto dachte ich, es ist schon unglaublich. Die letzten Male, die ich ad hoc morgens schnellstmöglich nach Frankfurt beordert wurde, ging es zwar immer um einbrechende Finanzmärkte – aber immer nur vornehmlich ums Geld!

Dieses Mal war Krieg in Europa. Bis heute geht es hier in erster Linie jeden Tag um Menschenleben, Tod, Elend, Verzweiflung, Flucht, mitten unter uns in Europa. Für viele findet dieser Krieg seit über einem Jahr geografisch näher statt, als ihr vergangenes Urlaubsziel entfernt war.

Ende Februar 2022 ahnten viele von uns noch nicht, was dieser Krieg alles mit sich bringen würde. Wladimir Putins Krieg ist nicht nur sein Wille und seine Vorstellung, das russische Reich auszuweiten. Es ist ein Krieg gegen die Menschlichkeit mit Hunger und Vertreibung. Es ist ein Krieg, der eine Energiekrise mit sich brachte, und es ist ein Krieg, der die Rüstungsindustrie stärkt und in dem Diskussionen über Waffenlieferungen geführt werden. Es ist ein Krieg, der uns fassungslos macht.

Zu meiner Konfirmation am 14. April 1991 bekam ich ein Buch geschenkt. Ich konnte alles über diesen besonderen Tag eintragen und weiß noch wie heute, was ich schrieb bei der Frage, was ich mir wünschen würde: »Ich wünsche mir, dass es einmal eine Generation gibt, die das Wort ›Krieg‹ nicht kennt.«

Das waren meine Gedanken mit 14 Jahren. Damals herrschte Frieden in Europa.

Der Generation Z ist Geld zwar vermeintlich weniger wichtig. Sie will vor allem einen nachhaltigen und angenehmen »Lifestyle«, aber sie muss das Geld natürlich auch für Energie, Lebensmittel und Miete ausgeben ... und manchmal geben Vertreter von ihnen sogar zu, die Relevanz des Geldes zu unterschätzen. Denn wenn von allem genug vorhanden ist, ist die Sättigung erreicht und man kann sich diese Haltung auch im wahrsten Sinne des Wortes leisten!

Interview mit Arndt Schoenemann, CEO Deutsche Flugsicherung

Wie sich die Generation Z auf dem deutschen Arbeitsmarkt und als Arbeitnehmer oder Bewerber schlägt, zeigt sich in einem Gespräch mit dem Vorstandsvorsitzenden der Deutschen Flugsicherung (DFS) in Frankfurt am Main. Unser erstes Zusammentreffen ergibt sich spontan bei einer Journalistenrunde am Flughafen in Frankfurt. Nicht weit weg von hier, in der Zentrale in Langen, ist der Hauptsitz der Deutschen Flugsicherung.

Davor höre ich wochen- und monatelang beiläufig im Radio immer wieder die Werbung der DFS. Sie möchte junge Leute für die Ausbildung zur Fluglotsin oder zum Fluglotsen gewinnen. Es ist ein gut bezahlter, meist spannender und verantwortungsvoller Job, der vor allem nicht alltäglich ist.

Dennoch hat die Deutsche Flugsicherung offenbar große Schwierigkeiten, Nachwuchs für diesen Beruf zu finden. Wieso, weshalb, warum und wo der Haken sein könnte, wollte ich mit Arndt Schoenemann persönlich besprechen.

»Herr Schoenemann, warum finden Sie keine geeigneten jungen Menschen mehr, die Flutlotse werden möchten?«

»Also, noch finden wir geeignete junge Leute, aber die Bewerbungen lassen tatsächlich nach. Es gibt weniger Bewerber und wir müssen uns anstrengen, damit wir aktiv junge Menschen für diesen Beruf begeistern können.«

»Sie bezahlen doch offenbar sehr gut. Warum bleibt dennoch der Nachwuchs aus?«

»Die jungen Menschen verdienen sehr gut bei uns, aber das mit dem guten Gehalt ist tatsächlich Fluch und Segen zugleich. Ich sage zu meinen Mitstreitern im Unternehmen immer: ›Ich würde jetzt noch nicht mit den Geldscheinen locken.‹ Ich denke, wenn ich mich mit Geld ködern lasse, ist es der falsche Ansatz. Ich möchte das eigentlich nicht in den Vordergrund rücken. Ich würde mir wünschen, dass junge Menschen Begeisterung für die Luftfahrt mitbringen. Es ist eine Sache des Mindsets, welche Einstellung zum Beruf jemand mitbringt. Wir müssen mit Work-Life-Balance werben, weil sich ansonsten noch weniger Leute bewerben würden.«

»Jetzt mal ›Butter bei die Fische‹, wie es im Norden so schön heißt: Wie sehen die Zahlen beim Gehalt in der Ausbildung zum Fluglotsen aus?«

»In etwa so: Die jungen Leute gehen nach dem Abitur in die Akademie. Dort lernen sie dreieinhalb Jahre und nach der Ausbildung verdienen sie mit etwa 23 oder 24 Jahren rund 120.000 Euro pro Jahr. Für Sonderverdienste gibt es dann noch Zulagen, sodass sie bei etwa 140.000 Euro pro Jahr landen. Das ist für Berufseinsteiger viel Geld.«

»Meinen Sie, dass Ihnen der Nachwuchs vielleicht auch deshalb fehlen könnte, weil junge Menschen nicht mehr in einem Bereich arbeiten wollen, der im weitesten Sinne schlecht für die Umwelt ist und eine negative Ökobilanz hat? Man denke nur mal an den Kerosinausstoß, die CO_2-Belastung beim Fliegen?«

»Die jungen Leute sind heutzutage sehr viel kritischer, was die Umweltthemen angeht, das stimmt. Aber es hat meiner Beobachtung nach noch keinen Einfluss auf die Berufswahl. Das kann aber noch kommen. Langstrecke wird man wohl nie elektrisch fliegen können.«

»Wenn man sich für die Berufsausbildung und das Auswahlverfahren bei Ihnen entscheiden sollte, wie sind die Chancen – sprich: Wie viele der Bewerber schaffen es nicht?«

»Die Durchfallquote für die Ausbildung zum Fluglotsen liegt bei 95 Prozent. Das ist wahnsinnig hoch. Bei hundert Bewerbern bleiben also nur fünf übrig. Diese fünf sehen sich selbst dann wie einen erlesenen Kreis an. Ich habe gerade erst einen handschriftlichen Brief einer jungen Frau bekommen, die nur in einer bestimmten Stadt eingesetzt werden will. Sie schrieb mir sehr fordernd, wir mögen doch nun bitte ihrem Wunsch nach dem Ort entsprechen, ansonsten würde uns eine hoch motivierte und gute Fluglotsin verloren gehen. Ja, aber die DFS sitzt nun einmal in Langen. Wir haben eben derzeit einen Markt, wo sich junge Leute durch selbstbewusstes Auftreten bestimmte Dinge erlauben und auch erlauben können. Das bringt gleich die nächste Herausforderung mit sich. Aufgrund des guten Gehalts von Lotsinnen und Lotsen wollen viele nach dem Start bald in Teilzeit wechseln. Das können sie sich gut vorstellen, sie verdienen viel Geld und weitaus mehr, als ihre Freunde beim Berufseinstieg. Aber wie machen wir das als Arbeitgeber? Mit diesem Teilzeit-Wunsch muss in einem Unternehmen ja auch geplant werden können.«

»Woran liegt es, dass die Durchfallquote so hoch ist? Sind Ihre Ansprüche zu hoch?«

»Ganz ehrlich, diese Ansprüche wollen wir ganz bewusst nicht reduzieren. Das ginge ja dann auf Kosten der Sicherheit am Himmel und das will niemand. Bei den Auswahlverfahren werden die Bewerber in puncto Belastbarkeit, Teamfähigkeit und Konzentrationsfähigkeit geprüft.«

»Wie sieht das Bewerbungsverfahren aus?«

»Wir arbeiten mit dem Deutschen Zentrum für Luft- und Raumfahrt, kurz DLR, in Hamburg zusammen. Es gibt also ein Auswahlverfahren zwischen dem DLR und der Deutschen Flugsicherung. Wir prüfen, wie geeignet die Bewerber für diesen Beruf sind. Das Wichtigste in diesem Bereich ist die Safety, die Sicherheit. Es kann immer eine Auswirkung haben auf die Konzentration.«

»An welchen Punkten scheitern die Bewerber am meisten?«

»Genau an diesen Punkten: Belastbarkeit, Teamfähigkeit, Konzentrationsfähigkeit. Fachlich sind die Bewerber top: Wenn sie den Beruf erlernt haben, bekommen sie irgendwann ihr Zertifikat und dann sind sie als Lotse freigegeben. Wir sehen aber immer mehr, dass Bewerber an ebendiesen ›Softskills‹ scheitern.«

»Glauben Sie, dass die ›Generation Smartphone‹ eher Vor- oder Nachteile für Ihre Branche hat, dadurch, dass sie ›Digital Natives‹ sind?«

»Wir sehen das sowohl als auch. Der Umgang mit Technik ist natürlich für junge Menschen wesentlich leichter erlernbar. Da bringen sie von Hause aus schon viel mit. Auf der anderen Seite sehen wir, dass der Konsum dieser extrem schnellen Bilder Auswirkungen auf die Konzentration hat. Das Smartphone und das Swipen, also das schnelle Wegwischen der Bilder, macht etwas mit den Köpfen. Manchmal geht das zu Lasten der Konzentration.

Ein Beispiel: Wenn bei uns im Tower bei der DFS ein Bildschirm ausfällt, springen sofort die ›Engineers of Duty‹ ein, die Notfall-Techniker. Aber bis sie da sind, muss ein Fluglotse sich alle Flugzeuge, die ihm gerade zugeordnet sind, merken können. Er muss blitzschnell reagieren können und wissen: Ist da jetzt ein ›Impact‹? Muss ich eventuell auf eine Notfrequenz gehen? Ein Fluglotse muss ein fotografisches Gedächtnis haben. Er muss immer voll konzentriert beim Flugzeug sein. Selbst wenn er unsicher ist, muss er etwas erkennen können.«

Etwas erkennen können … an dieses Gespräch mit Arndt Schoenemann knüpfe ich an, denn es ist ein ganz wichtiger Punkt. Die Generation Z muss vieles erkennen, was über 70 Jahre keine Generation vor ihr erkennen musste – und zwar in so vielerlei Hinsicht. Ich fasse es in meinen eigenen Worten als die drei »K«s zusammen: Krieg, Krankheit, Klima.

Sich als Arbeitgeber über die »Chuzpe« der Jungen und deren mitunter Kaltschnäuzigkeit zu wundern ist menschlich. Frühere Generationen sagen auch gerne einmal: »Das hat es doch bei uns früher alles nicht gegeben …« oder schlimmer noch: »Früher war alles besser.« Manches Mal schwingt da auch eine Art Arroganz bei diesen Sätzen mit.

Meiner Ansicht nach sollten wir uns bewusst werden, mit welchen Herausforderungen nachfolgende Generationen klarkommen müssen. Hier sind weder der erhobene Zeigefinger noch Mitleid angebracht, sondern einfach das Bewusstsein darüber, dass die Herausforderungen größer geworden sind, trotz aller Freiheiten, die diese Generation auch hat.

Interview mit Prof. Dr. Klaus Schweinsberg

Bei ihm war ich einmal Studentin, es war vor rund 20 Jahren an der Dualen Hochschule Baden-Württemberg in Ravensburg: Prof. Dr. Klaus Schweinsberg ist Journalist, Publizist, Wirtschaftswissenschaftler, strategischer Berater der Bundeswehr und Autor des Buches *Anständig führen*. Er ist ein gern gesehener Gast in Talkshows, nie um einen flotten Spruch verlegen, Berater in Wirtschaft und Politik. 2009 wurde er in den Kreis der Young Global Leaders des World Economic Forum (WEF), Davos berufen. Als ich neulich den Fernseher einschalte, interviewte er gerade Bundeskanzler Olaf Scholz. Bei dem Buchtitel, den er vor Jahren veröffentlicht hat, liegt eines auf der Hand: die Doppeldeutigkeit des Titels »Anständig«. Einerseits impliziert es »ordentlich«, im Sinne von »gut«, andererseits »mit Anstand«, also ethisch und moralisch vertretbar. Hier hake ich ein und will aufklären. Ich frage ihn, warum ist »Anständig führen« heute so wichtig. Sind vielleicht die falschen Köpfe an den Schaltzentralen der Macht? Was hat ihn selbst veranlasst, ein Buch mit diesem Titel zu schreiben?

»Also erstens glaube ich, im Wirtschafts- und Finanzsektor kommen oftmals die falschen Leute ins System. Einzelne sind sogar verhaltensgestört und kriminell. Das konnten wir alle bei Wirecard sehen. Die Frage ist doch, was passiert mit den Menschen, die eigentlich mal mit gutem Willen angetreten sind und Werte hatten. Was passiert da im Laufe der Zeit, dass auch sie korrumpiert werden und beispielsweise mit Tricksereien arbeiten wie bei den Cum-Ex Geschäften.«

»*Ist es ganz generell der Bereich Wirtschaft, wo das Geschäftsmodell unanständig ist?*«

»Es gibt Bereiche in der Wirtschaft, in denen es genau so ist. Ich habe das Gefühl, da besteht dann eine wechselseitige Anziehungskraft. Ich denke, dass Menschen, die eine gewisse gierige Energie haben, vielleicht häufiger in den Bereichen Investmentbanking oder Immobilien arbeiten. Aber generell haben wir ja in der Vergangenheit gesehen, es geht auch bei der Deutschen Post, der Telekom, den Energieversorgern. Das ist auch oft branchenunabhängig. Ich habe den Eindruck, dass nach wie vor Compliance, also Rechtstreue und Regelkonformität, für viele Menschen eine Herausforderung darstellt. Menschen funktionieren häufig anders. Also fragt man sich, nutzt der Chef die dienstlich erworbenen Flugmeilen privat oder für die Firma? Es sind solche Grauzonen, in denen sich Organisationen manchmal bewegen. Und wenn es diese gibt, dann wuchert so etwas durch bis hin zu allen Mitarbeitern, die dann denken, na wenn der Chef das macht, dann kann ich das auch, dann ist es bei mir auch okay.«

»Wie lässt sich ein Kulturwandel im Unternehmen umsetzen?«

»Der Kulturwandel muss bei allen im Unternehmen ankommen. Wenn das nicht ganz oben anfängt, dann kann man das Ganze vergessen. Wenn der Chef mit dem Helikopter anfliegt, kann er von seinen Angestellten nicht erwarten, dass sie umweltfreundlich mit der Bahn oder mit dem Fahrrad anreisen. Der Fisch stinkt vom Kopf zuerst.«

»Was hat sich im Laufe der Jahre innerhalb des wirtschaftlichen Nachwuchses verändert?«

»Meiner Ansicht nach wächst da einerseits eine a-politische Generation heran. Sie sind sportlich, money-driven, wollen top Jobs, durchlaufen diverse Auswahlverfahren, verfolgen mit Härte ihr Ziel. Die meisten wollen Start-ups aufbauen und reich werden. Die anderen wollen die Welt gesellschaftlich verändern, dann aber nicht mitten im Geschehen als Politiker, sondern eher an der Seitenlinie als Berater oder Think Tank. Sie machen Triathlon, haben eine enge Sicht auf ihre persönliche Leistung, aber wenn man welche von ihnen zu Unternehmergesprächen unentgeltlich einladen möchte, kommt oft die Absage, weil es dann heißt, was bringt mir das eigentlich? Andererseits gibt es das andere Extrem. Manche von ihnen sind so links- oder rechtsradikal, dass sie zum Umsturz des Systems aufrufen. Es fehlt die Mitte, meiner Ansicht nach. Vor rund 20 Jahren war es stärker ausdifferenziert. Heute ist es langweiliger. Es gab entweder die Streber, die Gelangweilten, die Ehrgeizigen, die Barbourjacken-Typen oder die *Abhänger*. Heute fehlt das ganze Dazwischen.

Es gibt nur noch die eine oder die andere Seite. Die besten Talente wollen alle in die Start-up-Szene und haben von Google gelernt: *We make it for the good.* Das heißt es zwar, aber oftmals sind die Ziele ganz andere.«

»Wie kann man denn Ihrer Ansicht nach schaffen, dass mehr Moral in die Chefetagen einzieht?«

»Das ist ganz einfach. Menschen, die in ihrem Biotop so hoch steigen, dass sie ganz oben ankommen, brauchen dann irgendwann ein Korrektiv. Sie benötigen jemanden, der ihnen sagt, hör mal, ab jetzt verlierst du die Bodenhaftung, jetzt hebst du ab. Dieser jemand kann zum Beispiel der Ehepartner oder die Partnerin sein, wenn sie lange zusammen sind und auf Augenhöhe wahrgenommen werden. Freunde können es auch sein. Hier ist aber nur das Problem, dass sie sie manchmal auf ihrer Wegstrecke im Leben verlieren, weil sich ihre Lebensumstände verändern. Ja, und manches Mal haben sie dann auch so einen Hofnarren wie mich, der ihnen das spiegelt und kritische Fragen stellt.«

»Sie sind selbst Vater von vier Kindern und Dozent. Was geben Sie jungen Menschen mit auf den Weg, wenn es ums Geldverdienen, ums berühmt-berüchtigte Vorwärtskommen im Leben geht?«

»Zunächst einmal versuche ich, sie dahingehend zu begleiten, dass sie im System die Art von Druck oder Leistungsdruck reflektieren. Ich sage nicht, dass sie sich nicht anstrengen sollen, das wäre auch völlig lebensfern. Aber sie sollen hinterfragen, dient es der Sache oder will sich da nur jemand profilieren und übt deshalb Druck aus? Die Frage sollte doch sein: Brauchst du diese Art von Druck, um dein Ziel zu erreichen? Wenn es nach mir ginge, fände ich es großartig, für alle jungen Menschen ein soziales Pflichtjahr einzuführen, für Männlein und Weiblein. Es würde helfen, dass fürs künftige Leben der Wertekompass bessergestellt wird. Statt das x-te Teambildungs-Seminar zu machen, würde ich auch die Manager mal in die Suppenküche, ins Altenheim oder ins Hospiz schicken. Damit sie auch diese Facetten des Lebens sehen.«

»Ganz fundamental, was sollen junge Menschen im Jahre 2023 lernen, machen, erleben, damit sie auf dem Arbeitsmarkt gute Chancen haben und glücklich sind mit dem, was sie tun?«

»Ich rate vielen jungen Menschen: Ihr müsst nicht unbedingt alle Abitur machen. Macht eine handwerkliche Lehre. Das sind fungible Assets für die nächsten Jahre. Ein Schneider, Schreiner, Schlosser wird immer gebraucht und sie sind Mangelware.«

»Warum rät jemand, der selbst promoviert hat, also eine gänzlich andere und akademische Laufbahn hinter sich hat, jungen Menschen dazu?«

»Bei mir war es eine gänzlich andere Phase. Ich habe aber während meiner Schulzeit auch bei einem Malermeister gearbeitet und wenn es hart auf hart kommt, könnte ich sicherlich hier wieder einsteigen. Es ist doch so – Fachkräfte und Handwerker werden gebraucht und gesucht und die Zeiten ändern sich. Falls man vielleicht doch mal das Land verlassen muss, ist es gut, man hat etwas Handfestes gelernt und kann das vorweisen.«

Das klingt nicht nach Kuschelkurs, denke ich mir. Zuversicht und Optimismus hören sich anders an. Schweinsberg dazu:

»Wir sind erwachsene Menschen und müssen der Realität ins Auge blicken. Die deutsche Wirtschaft sortiert sich neu. Sie muss sich neu ordnen, Pandemie, Krieg und Inflation zwingen die Unternehmen gerade dazu. In den vergangenen Jahrzehnten wurden sie nur auf Wachstum getrimmt, nicht aber auf Überleben. Doch damit werden sie nun konfrontiert.«

Das alles stimmt sehr nachdenklich und passt genau zum Wort des Jahres 2022 der Gesellschaft für Deutsche Sprache: Zeitenwende! Nicht nur Bundeskanzler Scholz sprach sie an. Nun will ich dieses Kapitel aber nicht gänzlich mit Trübsal beenden. Deswegen dieses »Schmankerl« von Klaus Schweinsberg noch zum Schluss:

»Frau Mainitz, Ihren Buchtitel finde ich herrlich!«

»Warum?«

»Na, ganz einfach, wir nehmen ihn mal auseinander. Im Meer schwimmen ist viel besser, als im Geld zu schwimmen. Denn die, die im Geld schwimmen, sind im Wesentlichen damit beschäftigt, nicht unterzugehen. Sie schlucken zu viel und verschlucken sich dann daran.«

Begegnung am Bodensee

Ein Teil meines Buches entsteht am Bodensee, direkt am Wasser sozusagen. Mein Herz fühlt sich seit meinem Studium mit diesem Fleckchen Erde sehr verbunden. Unser damaliger Kursleiter an der Dualen Hochschule Baden-Württemberg in Ravensburg sagte immer: »Dort studieren, wo andere Urlaub machen«, und es stimmt ja auch. Nur, dass ich mir der Schönheiten rund um den See damals noch nicht so bewusst war wie heute. Aber das ist vielleicht eine Alterserscheinung. Heute weiß ich vieles mehr zu schätzen.

Fest steht aber: Das Fundament für meine späteren Moderationen wurde buchstäblich *im* (und nicht *am*) Bodensee gelegt. An meinem 23. Geburtstag stand ich zusammen mit meinem Kommilitonen Fabian in Friedrichshafen bis zu den Knien im Wasser und habe für unseren damaligen Studentenfilm im zweiten Semester mit Top und Minirock irgendetwas mehr schlecht als recht ins Mikrofon gestammelt. Es war eine Mischung aus kühlem Nass, viel Lachen, sich verhaspeln und von der Sonne geblendet werden.

Nach vielen Jahren der Abstinenz zum »südlichsten Ufer« Deutschlands, wo ich mich frage, warum eigentlich, zog es mich 2022 gleich mehrere Male wieder in Richtung Bodensee.

Jedes Jahr strömen Menschenmassen hierher. So viele, dass du dich – schon allein aus Umweltgründen – am Ufer besser zu Fuß oder per Rad bewegst oder am besten per (Tret-)Boot. Wenn du es nicht weit hast, schwimmst du im Sommer am besten, na klar. Angehende TV-Redakteure lernen schnell, dass Ironie im Fernsehen nicht ankommt, aber hier kann ich sie ja durchaus mit einer zusätzlichen Prise Humor anbringen.

Bei meinem See-Besuch im Sommer 2022 verschlug es mich dieses Mal nach Österreich. Nur einen Katzensprung hinter der Grenze habe ich schon viel mehr das Gefühl, im »Ausland« und weg zu sein. Das war wichtig für mich, schließlich brauche ich Inspirationen fürs Schreiben.

Ich sitze also mit meinem Laptop in einem Restaurant an der Seepromenade in Bregenz. Zufällig komme ich ins Gespräch mit einer der dortigen Kellnerin und erzähle ihr von meinem Buchprojekt. Ich schätze sie auf vielleicht 20 Jahre, eine zugängliche, sympathische Person, die mich in den Tagen zuvor schon oft so freundlich angelächelt und bedient hat. Sie findet es spannend, dass mal jemand so ein anderes Buch über Geld und Investitionen schreibt, sagt sie mir.

Ich erzähle ihr von dem Begriff der Investitionen in der Vergangenheit und davon, dass Geld, und vor allem der Wert des Geldes, in früheren Generationen oftmals einen anderen Stellenwert hatte. Wir waren damals vermutlich unbekümmerter und gefühlt sorgloser als heute. »Heute ...«, beginne ich, aber sie unterbricht mich: »... brauchen wir es zum Überleben!«

Welch durchschlagender Satz! Er hat Macht, entspricht er doch vermutlich bei den meisten jungen Menschen purer Realität. Die Art, wie sie diesen Satz sagt, wie abgeklärt sie dabei ist, erschüttert mich. Tatsächlich ist sie nicht wie von mir angenommen 20, sondern 18 Jahre alt. Es stimmt mich nachdenklich, dass sie schon jetzt auf mich so ernüchtert vom Leben wirkt. Wie groß erscheint mir der Unterschied zu der Zeit Mitte der 1990er-Jahre, als ich 18 Jahre alt war. Wir waren damals so viel unbekümmerter und sorgloser als heute. Das Lebensgefühl schien leichter, aber wir hatten auch keinen Krieg und kein Corona um uns herum.

»Ja, wer soll das eigentlich alles bezahlen, diese ganzen Rettungspakete, die der Staat nun in die Wirtschaft hineinbuttert? Das bleibt doch alles irgendwann an uns hängen. Ich habe zum Beispiel Angst, dass der Staat uns irgendwann enteignet. Denn er macht so hohe Schulden, dass er sie irgendwann nicht mehr begleichen kann.«

Nun gehe ich einmal davon aus, dass wir von einer staatlichen Enteignung weit entfernt sind, solange wir hierzulande oder in Österreich in einer Demokratie leben. Der Staat wird das Problem vielmehr über Steuern und Abgaben lösen. Davon gibt es ja bekanntlich in Hülle und Fülle genug. Aber allein die Gedanken der jungen Frau, ihre Sorgen, Ängste und Nöte geben mir sehr zu denken.

Mit 18 hat man noch Träume, heißt es ja oft. Ihr Traum scheint – trotz ihrer ansteckend guten Laune – schon fast ausgeträumt zu sein. So klingt es für mich zumindest. »Wir müssen einfach nur über die Runden kommen, sparen können wir nichts«, fügt sie noch hinzu.

Vollkommene Resignation gipfelt in dem, was sie danach zu mir sagt. Es ist eine Folge des ganzen Dilemmas. »Was meinst du, wie leicht wir alle an Drogen kommen! Viele geben ihr Geld dann tatsächlich für Drogen aus. Es ist vermutlich viel einfacher geworden als früher.« Ich verstehe zuerst nicht recht, welche Art von Drogen sie meint, doch sie spricht rasch weiter. »Durch Social Media kommst du nicht nur an Drogen. Sie sind auch ein Teil des Problems. Viele halten den Druck aus dem Netz nicht mehr aus, Shitstorms etc., und beschaffen sich Drogen. Das wenige Geld, das sie dann haben, geben sie dafür aus.« Kaufen würden sie alles Mögliche an Drogen, von harten bis hin zu weichen Drogen, sagt sie mir. Die Gefahr des Abrutschens sei dann sehr groß.

Nun möchte ich diese Aussagen gerne einordnen. Die junge Frau, die mir das erzählt, könnte altersmäßig meine Tochter sein. Sie wirkt auf mich weder, als wolle sie sich wichtigmachen noch sonst irgendwie Eindruck schinden. Sie ist gepflegt und hat es sicher nicht nötig, mir Märchen zu erzählen. Ich bin hier auf eine

Person gestoßen, deren Geschichte und die ihrer Freunde ich spannend und schockierend zugleich finde.

Als ich zu der Kellnerin sage, dass mir die Plakate auffallen, auf denen darauf aufmerksam gemacht wird, dass man sich über psychisch hilfesuchende Freunde kümmern solle, falls sie depressiv seien und Selbstmordgedanken hätten, antwortet sie mir: »Ja, ich habe auch schon ein paar Freunde dadurch verloren.«

Professionelle Hilfe ist gefragter denn je, fraglich ist nur, wie lange man auf einen Termin warten muss, so überlaufen sind die Praxen derjenigen, die Verzweifelten und Kranken ihre Hilfe anbieten können.

Es muss Politik und Gesellschaft wachrütteln, aber auch jeden Einzelnen von uns, auf sich selbst und andere achtzugeben und Alarmsignale ernst zu nehmen. Ich habe einmal von einer vierfachen Mutter und Logopädin einen Satz gehört, den ich auch hier passend finde: *»Liebe mich, wenn du es am wenigsten kannst, denn dann brauche ich es am meisten.«*

Er ist nicht im ersten Moment in Gänze zu verstehen und man muss ihn sich schon ein paar Male zu Gemüte führen. Dieser Satz ist anstrengend und schwer umsetzbare Kost. Aber vielleicht hilft er ja der einen oder anderen Person, aus einer scheinbar ausweglosen Situation mithilfe anderer Menschen herauszukommen.

> Sich Zeit nehmen für andere und ein bisschen mehr zuhören und spüren könnte uns insgesamt als Gesellschaft reicher machen.

Was macht dich glücklich? Dinge, in die du investieren kannst

Gesundheit: Investieren in den eigenen Körper

»Das Leben wird vorwärts gelebt und rückwärts verstanden.«
Søren Aabye Kierkegaard

An dieses Zitat des dänischen Philosophen und Theologen denke ich das eine oder andere Mal. Vielleicht geht es dir genauso. Als Jugendlicher nimmt man vieles noch als selbstverständlich hin. Mit zunehmendem Alter wird dann aber manches immer präsenter. So war es zumindest bei mir mit den Themen »Gesundheit« und »Fitness«.

Hätte ich mir früher verinnerlicht, welchen Einfluss Sport, Yoga und Ernährung auf meinen Körper haben würden, hätte ich vielleicht manches verhindern können. Hätte, hätte, Fahrradkette ... Diese Dinge kann ich nicht mehr ändern. Sie sind passiert und gehören zu meinem Leben dazu.

Mit den »Tücken des Rückens« habe ich zu leben gelernt. Schon als Baby kam ich mit Skoliose und einer schiefen Hüfte auf die Welt. Ich musste eine Spreizhose und ein Lübbe-Leibchen tragen. In den 1970er-Jahren war das aber offenbar gar nicht so selten. Inzwischen gehören zu meinem orthopädischen Portfolio noch zwei Bandscheibenvorfälle (der eine mit 36 Jahren, der andere rund um den ersten Corona-Lockdown im Jahr 2020) und ein Ermüdungsbruch im Fuß. Hätte ich etwas davon verhindern können? Rückblickend vermutlich schon, aber wie gesagt: »Hätte, hätte, Fahrradkette!« Es lohnt sich nicht, über das »Hätte« nachzudenken. Wichtig ist, diese Erkenntnis und warum vielleicht etwas gerade zu einer bestimmten Zeit im Leben passiert ist, überhaupt irgendwann zu bekommen. Der richtige Zeitpunkt, sich dessen bewusst zu werden, ist *jetzt*. Es braucht nicht den Vorsatz zum neuen Jahr, sondern den richtigen Moment. Egal, ob du jung oder alt, am Anfang, in der Mitte oder im Herbst deines Lebens stehst, versuche zu spüren, was deinem Körper guttut, und höre auf ihn. Das ist leichter gesagt als getan. Ich weiß es und gebe es zu. Es kommt nicht von heute auf morgen, es ist ein jahrelanger Prozess und es gehört Mut und Selbstvertrauen dazu.

Ich hätte es ja nicht gedacht, aber ich habe es irgendwie geschafft, meine Mutter davon zu überzeugen, mit Yoga zu starten. Sie hat mit rund 70 Jahren damit angefangen und rollt nun einmal wöchentlich die Matte aus. Manchmal muss sie sich schon zur Stunde hinquälen sagt sie mir, aber ich bin ganz stolz, dass sie es macht, und sie sagt mir, wie gut ihr das tut. Also: Du kannst fast alles lernen. Glaube mir, dein Körper sagt dir deutlich früher als dein Kopf, wenn du überlastet, müde oder erschöpft bist. Wichtig ist es, diese leisen Zeichen deines Körpers nicht zu ignorieren. Denn die Quittung, die du dafür bekommst, ist oft bitter. Viele Krankheiten haben psychische Ursachen, auch wenn es zunächst einmal nicht den Anschein danach hat. Als ich 12 Jahre alt war, suchte meine Omi eine Heilpraktikerin in München auf. Hannelore Fischer-Reska war damals bekannt aus Funk und Fernsehen und recht berühmt auf ihrem Gebiet. Meine Omi war chronisch erkrankt und musste täglich einen bunten Cocktail an verschiedensten Tabletten mit Wirkungen, aber auch schlimmen

Nebenwirkungen nehmen. Sie hoffte, Frau Fischer-Reska könne ihr, unterstützend zur schulmedizinisch notwendigen und unabdingbaren Therapie, helfen. Damals befasste ich mich höchstens aus Interesse mit dem Thema Medizin, aber nicht, weil etwa mein Körper nicht funktionierte. Frau Fischer-Reska sagte damals einen Satz, der mir bis heute im Gedächtnis geblieben ist: »*Die meisten Menschen bekommen mit ihrer Geburt einen Ferrari geschenkt. Doch mit zunehmendem Alter fahren sie diesen Ferrari durch falsche Ernährung und schlechte Lebensgewohnheiten systematisch schrottreif.*« Sie meinte natürlich nicht das Auto, sondern den Umgang mit unserem Körper. Das, was einem lieb und teuer ist, sollte man hegen und pflegen.

> Eine Investition, die sich in höchstem Maße auszahlt, die beste Rendite bringt und glücklich macht, ist die Investition in den eigenen Körper!

Herr Herbst aus der Kastanienallee

Einer, der es zu seinem Beruf gemacht hat, anderen Menschen zu helfen, ist Herr Herbst. Er investiert sein Wissen und Können in die Gesundheit anderer Menschen und hat etwas gefunden, was ihn glücklich und zufrieden macht.

Es ist mindestens zehn Jahre her, als ich ihn zum ersten Mal aufsuche. Wenn du glaubst, es handle sich hier um einen fiktiven Namen in einer frei erfundenen Straße, liegst du vollkommen richtig. Herr Herbst heißt so ähnlich. Jedenfalls möchte er nicht, dass er hier mit seinem richtigen Namen und seiner Adresse auftaucht, »denn sonst rennen sie mir hier die Bude ein«, sagt er und das will er nicht.

Das ist auch verständlich, denn Herr Herbst befindet sich tatsächlich schon im Herbst seines Lebens, insofern passt dieser Name auch irgendwie zu ihm. Er ist ein über 80 Jahre alter Heilpraktiker mit einer sehr spannenden Biografie. Sein Wartezimmer ist immer voll. Er hilft Menschen, gesund zu werden.

Im Laufe der Jahre erfahre ich bei jedem Besuch etwas mehr über ihn. Er ist Deutsch-Russe, hat in Russland Medizin studiert, unter anderem Vorlesungen bei Herrn Michail Kalaschnikow besucht, ebenjenem Erfinder des sowjetischen Sturmgewehres Kalaschnikow, eine der meistproduzierten Waffen der Welt.

Bei Herrn Kalaschnikow hat er gelernt, dass jede Konstruktion etwas Spiel haben muss. Wenn sie starr und steif wäre, würde sie nicht funktionieren, sagt Herr Herbst. Das habe ihm Herr Kalaschnikow vermittelt. Sein Medizinstudium wurde Herrn Herbst damals in Deutschland nicht anerkannt, deshalb wurde er Heilpraktiker – wohlgemerkt mit schulmedizinischem Hintergrund.

Herr Herbst spricht viele Sprachen, Deutsch, Russisch, unter anderem auch Chinesisch, weil er teilweise als Kind von tibetischen Mönchen in einem Kloster aufgezogen wurde. Bemerkenswert: Die Mönche gaben ihm eine Art »Zaubertrank«, wie er sagt, ähnlich wie bei Asterix, sodass er – nach eigenen Aussagen – nie krank wird.

Na gut, er ist auch Sternzeichen Löwe, bekanntlich mangelt es ihnen nicht an Selbstbewusstsein und innerer Stärke, aber krank werden sie auch manchmal. Nicht so Herr Herbst. Bis auf eine Zahngeschichte ab und zu mal ist er pumperlgesund und arbeitet immer noch munter vor sich her. Wobei man munter eigentlich nicht sagen kann.

Herr Herbst grummelt nämlich meistens vor sich hin ... dabei hat er eine braune oder schwarze Kordhose an, ein dunkles T-Shirt und trägt Sommer wie Winter Sandalen ohne Strümpfe. Angeblich schläft er nachts auf dem Balkon, zu jeder Jahreszeit wohlgemerkt.

Die Anzahl seiner roten Blutkörperchen sei höher als bei anderen Menschen, sagt er mir. Deshalb friere er nicht. Ein besonderes Magnetfeld scheint diesen Mann auch zu umgeben, denn er kann sich ein Metallfeuerzeug an die Stirn heften, ohne dass es herunterfällt. Ich habe es gesehen. Bevor er Hände oder Handgelenke behandelt, solle man die Armbanduhr ausziehen, sonst ginge sie kaputt, sagt er, eben wegen des starken Magnetfeldes, was er in sich trage.

Als einziges, zumindest mir bekanntes Laster, raucht Herr Herbst Pfeife, Verzeihung, er sagt, er paffe nur. Ansonsten trinkt er keinen Alkohol, isst keinerlei Milchprodukte, geschweige denn Zucker, und macht Sport.

Allein der Gedanke an »keinen Alkohol, keine Milchprodukte und keinen Zucker« kann mir ja schon die Laune verderben. Ich denke gerade an Nusskuchen oder sehr französisch an eine »Tarte aux framboises«, also ein wunderbares Himbeertörtchen mit einem Cappuccino (in dem Fall den mit Kuhmilch) und vielleicht am Abend im Sommer ein kühles Glas Roséwein. Purer Genuss, der das Leben einfach schöner macht, zumindest für mich ab und zu und für dich vielleicht manchmal auch.

Herrn Herbst interessiert das nicht. Er hat eine Frau und zwei erwachsene Töchter samt Enkeln. In seiner Freizeit fliegt er sein selbst gebautes Flugzeug und erfindet Maschinen für seine Praxis. So zum Beispiel ein Gerät, das herausfindet, welche Ströme im Körper gestört sind und wo die Energie gerade nicht fließen kann.

Seine Praxis ist alles andere als schick. Sie ist zweckmäßig und karg, aber das ist auch völlig egal, wenn man sich mit Rückenschmerzen oder Ähnlichem in sein Wartezimmer schleppt. An der Wand hängen bunte, selbst gemalte Bilder von seiner Tochter, die allesamt gute Laune und Leben versprühen.

Im Behandlungsraum an der Tür ist das Plakat »Die sanfte Wirbeltherapie nach Dorn« und ein Blick darauf verrät einem mehr als tausend Worte. Jedes Organ ist mit Bändern, Muskeln

und Sehnen mit einem bestimmten Wirbel der Wirbelsäule verbunden. Körperliche Beschwerden lassen sich also oftmals auf
das knöcherne Achsenskelett zurückführen, das uns seit unserer
Geburt tagtäglich durchs Leben trägt. Blockaden zwischen den
einzelnen, beweglichen 24 Hals-, Brust- und Lendenwirbeln lösen
Beschwerden aus.

Zu meinem Anliegen damals in der Praxis sagte er lapidar:
»Ich kann Ihnen nichts versprechen, aber ich glaube, wir kriegen
das hin.« Dieser Satz kann alles oder nichts bedeuten, dachte ich.
Er nuschelte ihn so vor sich hin, aber gut, ich vertraute ihm irgendwie und begab mich bei ihm in Behandlung.

Er behielt recht mit seiner Diagnose und mit vielen anderen
Dingen auch. Zum Glück nur recht selten muss Herr Herbst auch
als Seelenklempner herhalten. Das passiert ganz nebenbei. Denn
wenn er meinen Rücken bearbeitet, ihn geraderückt und Verspan-
nungen löst, gehen die Themen ganz automatisch in Richtung
Berufliches und Privates und dann kommt man so ins Gespräch.

Am Ende wird Herr Herbst dann für seine Leistung bezahlt.
Das Beste: Bei Herrn Herbst gibt es keine Inflation wie sonst inzwischen fast überall. Seit Jahr und Tag nimmt er für die Behandlung immer das Gleiche, ohne Aufschlag oder Abschlag und er
sagt nie: Wir machen gleich mal einen Folgetermin, um möglichst
viel am Patienten zu verdienen. Finanziell reich werden kann er
durch seinen Schnäppchenpreis nicht. Fragt man ihn, was sein
Ansporn ist, sagt er: »Spaß am Leben.«

Erkundigt man sich danach, warum er nie die Preise in all den
Jahren erhöht hat, sagt er: »Weil ich immer das Gleiche mache.«
Das klingt so einfach und logisch.

Vielleicht hast du ja auch so eine Art Herrn Herbst, der dich
dazu anregt, den Körper ganzheitlich zu betrachten. Bekanntlich
soll der Mensch ja auf alles, was ihm lieb und teuer ist, besonders
gut aufpassen.

Anders als häufig in der Schulmedizin üblich, möchte ich dich dazu ermuntern, deinen Körper als Ganzes zu sehen. Gehe den Ursachen auf den Grund und nicht nur den Symptomen. Dazu gehört auch, manchmal *Nein* zu sagen und nur auf sich selbst zu hören!

Oftmals kommen Beschwerden aus einer Richtung, die auf den ersten Blick so rein gar nichts mit dem Ort zu tun haben, an dem sie auftreten. Aber du und ich sind ja auch ein ziemlich komplexes Konstrukt und ein Wunder der Natur, wenn wir uns einmal darüber bewusst werden, welche Leistung unser Körper täglich erbringen muss. Als es mir einmal nicht gut ging und ich in mancher Hinsicht missgestimmt war, sagte Herr Herbst zu mir: »Ich weiß es nicht, aber ich glaube, es wird mit Ihnen zu einem guten Ende führen.«

Danke, Herr Herbst, dieser Satz motiviert mehr als jedes Jahreshoroskop!

>»Du bist reich, wenn du gesund bist.
>Alles andere ist Luxus.«

Dalai Lama

Yoga ist Gold wert

»Danke, liebe Steffi. Das waren die ersten anderthalb Stunden seit vielen Wochen, in denen ich schmerzfrei war.«

Das sagte ich nach einer Yogastunde bei meinem ersten Bandscheibenvorfall vor rund zehn Jahren. Steffi war damals meine Lehrerin. Den Satz, dass aus jeder Krise auch eine neue Chance entsteht, kennst du vielleicht. In diesem Punkt hat er sich bei mir absolut bewahrheitet. Die Rückenschmerzen waren mit ausschlaggebend für meinen Weg zum Yoga. Inzwischen ist Yoga zum

»Trendsport« geworden. Jeder kann damit etwas anfangen und die meisten wissen inzwischen, dass es weit mehr ist, als auf dem Boden zu sitzen und Tee zu trinken. Doch was heißt Yoga eigentlich? Yoga heißt wörtlich übersetzt »anjochen« oder »anschirren«, was so viel bedeutet wie das Anschirren von Zugtieren vor einen Wagen. Im übertragenen Sinne soll es bedeuten, Körper und Geist in Einklang zu bringen.

Körper und Geist in Einklang bringen. Das wollte ich auch. Und so wurde Yoga auch ein Teil meines Lebensweges. Was du bei mir vielleicht nicht im ersten Augenblick vermutest: Ich bin nicht nur Börsenreporterin, sondern auch Yogalehrerin sowie Schwangerenyogalehrerin. Meine Ausbildung machte ich im Jahr 2015, weil ich neben der Börse, der Betriebswirtschaftslehre und zugegeben oftmals trockenen Wirtschaft noch mal etwas Neues für Körper und Geist brauchte. Außerdem wurde ich tatsächlich immer dann im Rücken schmerzfrei, wenn ich öfter die Matte ausrollte. Nicht nur das: die Asanas (Haltungen) des Yoga helfen bei weit mehr Dingen, als nur bei Problemen mit dem Skelett. Leidest du unter einem trägen Darm und Verdauungsproblemen? Probiere es mal mit Twists, also Übungen, bei denen du dich buchstäblich verdrehst und auswringst, wie ein feuchtes Tuch. Es klingt fürchterlich und schmerzhaft, sollte es aber nicht sein. Das »Krokodil« zum Beispiel, sanft und behutsam praktiziert, wirkt für deinen Bauch wie eine innere Massage und bringt deinen Verdauungsapparat und Stoffwechsel wieder in Gang. Auf den ersten Blick mag Yoga für den Laien nur auf Muskeln, Knochen, Sehnen, Knorpel und Bänder zu wirken. Doch diese Lehre kann für deinen Körper viel mehr als das tun – die inneren Organe stimulieren und ihnen zum nötigen Schwung und neuem Kickstart verhelfen!

Mich näher mit dieser Lehre zu befassen war in so vielerlei Hinsicht eine der besten Entscheidungen meines Lebens. Ich kann dich nur dazu ermutigen, es selbst auszuprobieren. Nicht umsonst boomen

Yogakurse und Yogaausbildungen – in unserer schnelllebigen Welt ein perfekter Ausgleich zum »Höher, weiter, schneller, mehr«.

Wie oft sind wir Getriebene, entweder durch äußere Einflüsse oder weil wir Druck auf uns selbst ausüben. Dieser Druck fängt im Kopf an, wandert zu den verspannten Schultern und entlädt sich dann oft im Bereich des unteren Rückens. Druck brauchen wir, weil er uns anspornt, aber ihn auch ab und an herauszunehmen ist wichtig. Alles auf der Welt sollte einen notwendigen Gegenpol haben. Befassen wir uns deshalb kurz mit der Philosophie von Yin und Yang.

Es gibt oftmals so viel »Yang« in unserem Alltag. Es steht für Sonne, Helligkeit, Wärme, aktives Geben und Männlichkeit. Aber es gehört eben auch »Yin« dazu: Dunkelheit, Ruhe, passives Empfangen, das Weibliche und Weiche. Das eine geht nicht ohne das andere. Beides sollte sich die Waage halten, damit man mit sich im Reinen ist. Mit Yoga ist es (zumindest bei mir und vielen anderen auch) wie mit einer Droge. Einmal damit angefangen, kann man meistens nicht mehr aufhören.

Immer wieder treffe ich aber auch Leute, die sagen, dass sie mit Yoga nichts am Hut hätten. Vielleicht hilft da ein bisschen Geduld, denn die braucht man fürs Yoga. Hinzu kommt Vertrauen in den eigenen Körper und seine Fähigkeiten. Fahrradfahren haben wir als Kinder schließlich auch nicht innerhalb von einer Stunde gelernt und wir haben auch keine »Gummikörper« und kaum jemand kann sich auf Anhieb so verbiegen wie die Mädchen und Jungen im chinesischen Staatszirkus. Aber darum geht es auch gar nicht.

Es geht darum, sich zu fokussieren, Körper und Geist in Einklang zu bringen und sich etwas Gutes zu tun. Das Schöne am Yoga ist, dass jeder, der es praktiziert, etwas gut oder eben weniger gut kann. Du magst super in Rückbeugen sein, aber stocksteif in Vorbeugen. Eine andere ist beweglich im Schulterbereich, wieder jemand anderes dafür gut oder schlecht in Balanceübungen ... und so weiter.

Während meiner Ausbildung habe ich den Satz gehört: »Wenn du nach der Praxis weißt, welche Farbe das T-Shirt deines Nachbarn auf der Matte hatte, war es keine gute Praxis, weil du dich verglichen hast und nicht auf dich fokussiert warst.«

Wenn das nur immer so einfach wäre. Ich muss sagen, dass ich schon ein bisschen neidisch bin, wenn die Dame neben mir fast im Spagat sitzt und ich – trotz jahrelanger Praxis – schon bei weniger Dehnung in der Rückseite meiner Oberschenkel die Englein pfeifen höre. Auch bin ich beim Kopfstand noch immer ein Angsthäschen. Bin ich deshalb eine schlechtere Lehrerin? Ich weiß es nicht. Ich folge nur dem Grundsatz, dass mein Körper mir meine Grenzen aufzeigt. Natürlich schaue ich auch mal nach rechts und links und denke: »Das würde ich auch gerne können«, aber es bringt so rein gar keinen Mehrwert. Vergleiche mit anderen bringen uns nicht weiter. Im Gegenteil: Meistens belasten sie uns nur. Hand aufs Herz: Es stimmt voll und ganz, oder? Übertrage das mal auf deinen Alltag und gehe gedanklich weg von der Yogamatte. Würden wir nicht viel entspannter leben, wenn wir etwas mehr wegkämen vom Denken: »Das Gras ist immer grüner auf der anderen Seite«? Ist das Gras wirklich grüner beim Nachbarn? Ich habe angefangen, das Buch im Sommer im Rhein-Main-Gebiet zu schreiben. Die meisten Rasen sind sowieso schon längst nicht mehr grün, sondern vertrocknet. Im Winter hat der eine dann den üppigeren Weihnachtsschmuck als der andere, vielleicht auch das größere Auto oder die hübschere Freundin. Was soll es?

Du merkst, worauf ich hinauswill. Bleib bei dir. Das heißt nicht, dass du dich nicht von außen anspornen und inspirieren lassen sollst. Das heißt nur, dass du mit Vergleichen aufpassen sollst, ob sie auch wirklich sinnstiftend sind, dich weiterbringen oder einfach nur reine Zeitverschwendung.

Ich weiß noch, dass ich damals meinen Yogalehrer während meiner Ausbildung nur belächeln konnte, als er erzählte, er rolle morgens um sechs Uhr die Matte aus und praktiziere Yoga. Ich musste schmunzeln, habe mir innerlich an den Kopf gegriffen und dachte, morgens um sechs Uhr schlafe ich.

Heute ist das anders. Morgens vor oder rund um den Sonnenaufgang (oder auch im dunklen Winter mit gemütlichem Licht) Yoga zu praktizieren ist ein wundervoller und erfüllender Start in den Tag.

Wichtig für alle Neulinge ein kleiner sprachlicher Hinweis: Yoga »trainierst« du nicht. Du »praktizierst« es. Denn mit dem schweißtreibenden Muskelstählen in der »Muckibude« hat es so rein gar nichts zu tun. Die einzige Gemeinsamkeit von Yoga und dem Fitnessstudio – du stählst und formst deinen Körper ebenso, schwitzt je nach Art der Praxis viel oder wenig, der Körper wird definiert und trainiert, aber der Fokus ist ein anderer.

> Das vielleicht Allerwichtigste, was ich fürs Leben aus dem Yoga gelernt habe: Die Bewegung folgt dem Atem! Und nicht umgekehrt. Probiere es einmal selbst aus. Die Bewegung folgt dem Atem.

Beim Spazierengehen, Gemüseschnippeln in der Küche, Saubermachen, Arbeiten, Sport, wenn du eine Rede halten musst oder beim Vorstellungsgespräch. Besonders in langen Supermarktschlangen, in der nicht enden wollenden Warteschleife am Telefon in einer Service-Hotline, bei der Bahn oder am Check-In-Schalter am Flughafen ist es sehr gut, sich dieses Phänomen vor Augen zu halten.

Wir hätten viel weniger gestresste Menschen, wenn jeder von uns öfter erst mal vor dem Handeln und Reden tief durchatmen würde. Die Atmung ist das, was uns antreibt. Sie ist unser Motor. Jeden Tag, jede Sekunde – und sie wird viel zu oft aus den Augen verloren. Das hat sie nun wirklich nicht verdient! Widme also ab jetzt jeden Tag einen Teil deiner Energie deiner Atmung und probiere es gleich einmal aus. Atme tief durch den Bauch ein und am besten noch länger aus. Auch hier hilft das Quäntchen Geduld. Gib nicht so schnell auf. Denn auch richtiges Atmen will gelernt sein! Nimm dir Zeit dafür, am besten draußen an der frischen Luft. Du wirst spüren, wie der Sauerstoff dich durchflutet und dir Kraft gibt. Und dann spürst du vielleicht auch, dass gewisse Dinge dich tatsächlich nicht mehr so schnell aus der Ruhe bringen können.

Nutze die Kraft der Natur

Nenne es, wie du möchtest – Spazierengehen, Walken, Joggen, Fahrradfahren, ich möchte den Fokus hier nicht unbedingt auf »Schwitzen bis zum Umfallen« legen, aber auf jeden Fall auf »Runter vom Sofa, raus in die Natur!«.

Schon mal etwas von Waldbaden gehört? Für mich war der Begriff vor geraumer Zeit ziemlich neu. Ich gehe nicht besonders gerne in die Badewanne und bin eher der Dusch-Typ. Was ich aber besonders gerne mag, ist Waldbaden! Ich liebe einen Spaziergang in den Wäldern, das Grün der Bäume zu sehen, das Rascheln der Blätter im Wind, hier huscht ein Eichhörnchen den Baumstamm hoch, dort höre ich Vogelgezwitscher, surrende Bienchen und den Geruch der Natur gibt es obendrein dazu. Es ist manchmal so einfach, glücklich zu sein.

Für mich gehört der regelmäßige Ausflug ins Grüne absolut zum Abschalten und Auftanken meiner persönlichen Batterie dazu. Wenn es Herbst ist, muss ich Abstriche machen. Dann ist das Grün im Wald eben durch gelb, rot und im Winter durch grau und Nebel ersetzt. Da hilft dann auch nur die Aussicht auf Besserung und die Gewissheit, dass der nächste Frühling bestimmt bald kommt. Du merkst: Ich bin kein Herbst-Winter-Fan.

Zum Glück ist es gerade Mitte August, frühmorgens. Ich komme gerade vom Joggen aus dem Wald zurück. Ich atme fantastische, frische Luft ein, sehe die aufgehende Sonne, höre Vogelgezwitscher und Insekten. Ein kreischender Bussard fliegt über mir, weicher Waldboden ist unter mir. Ich laufe vorbei an bunten Blumen, Feldern, Wiesen.

Zu meiner großen Freude springen frühmorgens insgesamt drei Rehe vor mir ab, die ich beim morgendlichen Äsen gestört habe. Ein Fischreiher im Bachlauf steigt in die Höhe. Ich umarme einen Baum und schaukle an seinen dicken Ästen. Es klingt fast wie bei »Bambi« von Walt Disney.

Wenn du mir früher gesagt hättest, dass ich einmal Bäume umarmen und an ihren Ästen schaukeln würde, hätte ich dich für vollkommen verrückt erklärt. Aber so ändern sich die Zeiten und meine Sichtweise auf die Dinge des Lebens. Heute starte ich glücklich und sauerstoffdurchflutet in den neuen Tag.

Oft, wenn ich durch den Wald laufe, denke ich an die aus heutiger Sicht kitschigen Sissi-Filme von Ernst Marischka mit Romy Schneider. In meiner Kindheit habe ich sie rauf und runter im Fernsehen gesehen und kann sie teilweise mitsprechen. Im ersten Teil sagt Sissis Vater, im Film von Gustav Knut gespielt, zu Sissi: »Wenn du einmal Kummer oder Sorgen haben solltest, dann geh mit offenen Augen durch den Wald. In jedem Baum, in jedem Strauch, in jedem Tier und in jeder Blume wird dir die Allmacht Gottes bewusst werden und dir Trost und Kraft geben.«

Passend dazu würde ein österreichischer Freund jetzt zu mir sagen: »Wow, Sina! I fühl mi wie eeenergetisiert!«

> Ich sage nach dem morgendlichen Ausflug ins Grüne: Es ist bereits jetzt das beste Investment des heutigen Tages – und völlig kostenfrei.

Tanz dich glücklich

Hast du heute schon getanzt? Tanzen ist gesund für Körper und Geist und pure Lebensfreude. Glücklich macht es deshalb, weil die Glückshormone Dopamin und Endorphin ausgeschüttet werden. Wann hast du zuletzt getanzt? Bei mir ist es gefühlt schon eine Ewigkeit her. Ich glaube, es war ausgelassen in Spanien bei einer Fiesta in Andalusien mit meiner andalusischen Freundin. Es war eine Mischung aus Flamenco und Freestyle. Es hat Riesenspaß gemacht, denn ich bin eine echte »Tanzmaus« (aber leider auch etwas aus der Übung).

In unseren Breitengeraden nicht gerade Hobby Nummer eins, gilt es in Teilen Südamerikas als ausgesprochen »uncool«, nicht zu tanzen. Tanzen ist vor allem auch eine kulturelle Sache. Es wäre undenkbar, dass hier so etwas passiert, wie es meinem Kollegen damals in Buenos Aires erging. Carsten Thurau war 2006 Studioleiter im ZDF-Studio in Rio de Janeiro und für die Berichterstattung aus Südamerika zuständig. Dieses Mal war er in Funktion eines Fußballreporters in Argentinien unterwegs. Es war das Jahr, in dem die Fußballweltmeisterschaft in Deutschland stattfand. Ein »Sommermärchen«, wie es auch so schön genannt wurde. Carsten stand also nun in Buenos Aires inmitten einer frenetisch feiernden Menge. Argentinien hatte gerade unentschieden 1:1 gegen die Niederlande gespielt, sich durch dieses Unentschieden aber das Weiterkommen ins Achtelfinale gesichert. Carsten wurde ins Studio zu Moderator Johannes B. Kerner geschaltet. Nun weiß jeder, der sich für Fußball begeistern kann, dass ein Sieg seiner Mannschaft schon große Gefühle auslösen kann. Ektase, Freudentränen, Jubelschreie, Glücksgefühle. Ganz zu schweigen von dem, was temperamentvolle Südamerikaner da auf Lager haben – und dass »nur« bei einem Unentschieden. Carsten hatte keine Chance, vor der feiernden Menschenmenge die Berichterstattung fortzuführen.

Unser Reporter musste vor der Lebensfreude der Südamerikaner kapitulieren und konnte die angesetzte Schalte nicht fortsetzen. Die Zuschauer sahen nur noch die feiernde Menschenmenge, der Reporter war weg. Er war verschwunden, aus dem Bild gedrängt, untergegangen, versunken. Verdutzt reagierte der Moderator in Mainz, denn so etwas sieht man wahrlich nicht alle Tage. Für mich bleibt es ein unvergesslicher Moment einer ZDF-Liveschalte.

Tanzende Menschen sind weniger verspannt (im Kopf und in den Muskeln), reaktionsschneller, beweglicher und können sich offenbar besser konzentrieren. Im südlichen Afrika schwingen sie zu jedem erdenklichen Rhythmus die Hüften und drücken damit ihre Lebensfreude aus. Stattdessen soll es hierzulande ja manche Menschen geben, die das Tanzen für eine »merkwürdige Art der Fortbewegung« halten. Warum eigentlich? Weil den meisten von uns vielleicht der Mut fehlt und es peinlich ist, wenn man es vermeintlich nicht gut kann.

Als Kinder haben wir alle getanzt und es war uns auch herzlich egal, wie das ausgesehen hat. Leider geht uns diese Unbeschwertheit mit zunehmendem Alter verloren. Schade eigentlich. Das sollte nämlich gerade nicht so sein, denn Tanzen beugt dem Älterwerden und vor allem der Vergesslichkeit vor. Es fördert die Bildung neuer Nervenzellen bis ins hohe Alter. Damit verringert Tanzen nicht nur das Risiko, an Demenz oder Parkinson zu erkranken, sondern kann auch das Fortschreiten der Krankheiten aufhalten.

Denken wir vielleicht mal an einen Tanzkurs. Wie war das noch? Rechts, links, Wiegeschritt – aber muss ich jetzt mit links zurück oder mit rechts nach vorne? Eben, da haben wir es schon. Aua, der Unterste war meiner!

Der Tango zum Beispiel gilt als eine Art Therapietanz. Das Rückwärtsgehen schickt starke Impulse ans Gehirn. Das Zusammenspiel von Musik und Bewegung hat auf den Körper gleich doppelte Wirkung. Zum einen soll das Musikhören die Produktion von Antikörpern stärken, zum anderen wird beim Tanzen das Stresshormon Cortisol abgebaut, vorausgesetzt, das Tanzen macht Spaß. Denn das ist wichtig. Nicht, dass dich die Konzentration auf die Schritte so stresst und Druck ausübt, dass genau das Gegenteil der Fall ist. Das sollte nicht sein.

Beim Tanzen müssen Füße und Hirn koordiniert werden und das ist gar nicht so leicht. Der Weg vom Kopf (der Schaltzentrale für den Tanz) bis hin zum Fuß (dem ausführenden Part des nun zu machenden Schrittes) ist manchmal aber auch verdammt weit.

Dennoch: Hake das Tanzen bitte nicht ab. Es bringt dich vielleicht deinem Liebsten oder deiner Liebsten körperlich und seelisch näher, schließlich müsst ihr euch synchron miteinander im Takt bewegen. Hinzu kommt noch etwas: der Körperkontakt! Die Haut ist unser größtes Sinnesorgan und beim Tanzen müsst ihr, dein Partner und du, euch berühren. Durch diese tastende Stimulation schüttet der Körper das Bindungshormon Oxytocin aus. Es darf gekuschelt werden.

Warum also nicht einmal in einen Tanzkurs investieren?

Dass der Tanz nun auch noch Diabetes und Übergewicht vorbeugt, liegt in der Natur der Sache. Dein Herz muss schneller schlagen, du verbrennst Kalorien, denn richtiges Tanzen ist ziemlich anstrengend und schweißtreibend.

Hierzu noch eine Anekdote: Es gab einmal ein älteres Ehepaar, das leidenschaftlich gerne und gut zusammen tanzen konnte. Bis zu jenem Tag, an dem es mit der besagten Koordination und Synchronisation nicht mehr ganz so harmonierte. Beide tanzten zusammen auf dem Parkett und als die Musik zu Ende war, wollte *er* sich nach links und *sie* sich nach rechts aus der Tanzhaltung lösen. *Er* wollte sie in die Lüfte wirbeln und drehen. Es war eben ein sehr temperamentvoller älterer Herr. Das Ende vom Lied war: Sein Temperament wurde *ihr* zum Verhängnis. Es ging so schwungvoll bei den beiden zu, dass er ihr nach diesem Tanz mit dieser Aktion

versehentlich das Brustbein gebrochen hatte. Abwarten und aus-
heilen lassen war die Folge und bitte nicht lachen. Es ist wirklich
passiert – die Dame musste bei ihrer Erzählung schallend lachen
und lachen tat dann aber wiederum im Bauch und Bruch so weh.
Das Leben schreibt die besten Geschichten.

Diese Geschichte ist in den 1980er-Jahren in einem Hotel im
Schwarzwald wirklich so passiert. Die Wahrscheinlichkeit, dass es
dir auch so geht, ist gering. Ich möchte dich keinesfalls als leiden-
schaftliche Tänzerin vom Tanzenlernen abhalten oder abschre-
cken. Schließlich hörst du nach einem Muskelkater auch nicht
gleich auf mit dem Sport, oder? Also: »Just do it!«, schwing die
Hüften und das Tanzbein!

Ebenso ist es auch nie zu spät, ein Instrument zu lernen und
sich der Musik zu widmen.

Neulich sagte eine Freundin zu mir: »Zu uns kommt jetzt einmal die Woche eine Klavierlehrerin. Sie soll nicht nur meine Kinder unterrichten, sondern meinen Mann und mich gleich mit.« Offenbar kein Einzelfall, dachte ich mir, denn eine andere Freundin
erzählte mir neulich, dass sie nun regelmäßig Klavierunterricht
nehmen würde.

Eine großartige Idee, für die du natürlich auch Zeit aufbringen
musst, die aber absolut ihren Nutzen hat. Musikpädagogen und
Hirnforscher sind sich einig: Es ist bestes Gehirnjogging. Denn
auch Notenlesen lernen stimuliert die Hand-Augen-Koordination
und musizieren stimuliert verschiedene Bereiche des Kopfes.

Wenn ich dich also nicht für das Joggen begeistern kann, weil
das Wetter draußen in deinen Augen gerade zu schlecht ist, schaffe ich es ja vielleicht, dich zum Gehirnjogging zu animieren. Das
funktioniert bei jedem Wetter indoor, wie es so schön heißt.

Investiere in Musik, Tanz und Bewegung – und halte dich damit fit!

Kreativität: Investieren in die eigenen Hände

In der ersten Klasse der Grundschule werden die Kinder zum Puzzeln, Kneten, Basteln angehalten. Man könnte meinen, sie hätten doch dafür im Kindergarten bereits genug Zeit gehabt und sollten nun endlich lesen, schreiben und rechnen lernen. Aber das Gehirn braucht die feinmotorische Arbeit der Hände, die dadurch gefördert wird. »Und was für Kinder gut ist, kann für Erwachsene ja nicht schlecht sein« war mal ein Slogan einer bekannten Schokolade.

Also ab jetzt bitte mehr Aufmerksamkeit in deine Hände legen. Fordere die dortigen Muskeln genauso heraus wie diejenigen, denen du beim Sport deine Aufmerksamkeit widmest. Und auch wenn Wäsche aufhängen und Geschirrspüler ausräumen die Feinmotorik der Hände braucht, in diesem Fall ist es nicht das, was ich meine. Lies die folgenden Anregungen, vielleicht ist ja etwas für dich dabei.

Handarbeiten

Händchen halten beim Tanzen oder weil man ein Liebespaar ist, ist eine Sache, Aufmerksamkeit in seine Hände zu legen eine ganz andere.

Ich meine hier: Investiere in deine Hände und starte mit Handarbeit! Wieso boomen Näh-, Strick- oder Häkelkurse, schmieden zukünftige Ehepaare sich ihre Eheringe beim Goldschmied selbst, gärtnern viele nach Herzenslust nicht mit Handschuhen, sondern wühlen extra mit ihren Händen in der Erde herum, um die Pflänzchen zu setzen? Ich liebe es zum Beispiel, am Strand mit den Händen fest in den Sand zu greifen, Sandburgen zu bauen oder die Sandkörnchen zwischen meinen Fingern rieseln zu lassen.

Der Effekt ist überall der gleiche. Du kannst so herrlich abschalten! Handarbeit ist gut für Körper und Geist. Wir wissen alle, dass wir zu viel sitzen und uns meistens zu wenig bewegen. Wir kümmern uns um viele Dinge, aber dass wir uns einmal gezielt Zeit für unsere Hände nehmen würden und dankbar sind für das, was sie Tag für Tag ganz selbstverständlich für uns leisten, würdigen wir nicht. Die Hände vernachlässigen wir viel zu oft. Sie machen meistens das, was sie sollen aber selten das, was ihnen wirklich Spaß macht.

Wir tippen auf den Tasten des Computers herum oder arbeiten mit den Händen, sie müssen immer irgendeinen Zweck erfüllen. Aber auch ihnen würde eine Auszeit durchaus guttun. Ein Wechsel zwischen Hand- und Kopfarbeit fördert die Regeneration. »Den Kopf freikriegen« ist ja oft das, was viel zu kurz kommt in unserem Leben.

Wenn du also den ganzen Tag lang angestrengt mit dem Kopf arbeitest, leg abends den Schalter um und mach etwas mit deinen Händen. Klavier spielen wie gerade erwähnt vielleicht? Die Kopfarbeiter brauchen den Ausgleich!

Umgekehrt käme der Handwerker, der den ganzen Tag lang gespachtelt hat, wohl eher nicht auf die Idee, abends noch etwas mit den Händen zu tun. Er liest dann vielleicht eher entspannt die Zeitung. Kopfarbeit ist Entspannung von der körperlichen Belastung, Handarbeit regeneriert bei einseitiger Konzentration. Je nachdem, wozu man Lust hat, kann man dabei herrlich entspannen und runterkommen, wie es so schön heißt, oder richtig kreativ werden. Menschen, die bis ins hohe Alter hinein handarbeiten, trainieren ihr Gehirn und können sich Dinge besser merken.

Tagebuch und Briefe schreiben

An dieser Stelle möchte ich dich noch zu etwas ermutigen, was absolut etwas mit deinen Händen zu tun hat: Schreib ein Tagebuch!

Es muss nicht gleich ein Roman sein, den du da jeden Abend niederschreibst. Ich würde dich sehr bewundern, wenn du so diszipliniert wärst und allabendlich die Erlebnisse des Tages aufschreiben würdest, aber vermutlich schaffen das die wenigsten zeitlich. Dennoch: Es tut so gut, kurz und knapp, auch manchmal noch Tage später, aufzuschreiben, was du erlebt und getan hast. Es kann dir im ersten Moment völlig banal erscheinen, aber glaube mir, wenn du am Ende des Jahres innehältst und die vergangenen Monate und Jahreszeiten Revue passieren lässt, ist es schön zu sehen, was du alles erlebt hast. Vieles vergisst du viel zu schnell und am Ende ist dein Leben gar nicht so belanglos gewesen, wie du vielleicht glaubst.

Ich führe seit Jahren ein Tagebuch. Im Laufe der Zeit hat sich eine Reihe von kleinen Büchern angesammelt. In meinen Kalender trage ich kurz und knapp sowohl meine Termine aber auch Zitate, das Wetter, meine Dienste, Sport, Treffen mit Freunden, Tagesprogramm oder Gefühle ein. Tatsächlich muss ich manchmal schon kurze Zeit später über das eine oder andere schmunzeln und kann manches besser verstehen und einordnen.

Hierzu ein Satz des von mir sehr geschätzten Antiquitätenhändlers Rudi, mit dem ich im Zuge meines Buches ab und zu einen Plausch gehalten habe. Tagein, tagaus sitzt Rudi in seinem Sessel, liest Zeitung, macht ein Nickerchen und beobachtet die vorbeiziehenden Leute. Mit seinen Ende 70 Jahren erzählt er mir in seinem herrlichen Schweizer Akzent so manche Anekdote aus seinem Leben. Er sei ein freiheitsliebender Mensch, Sternzeichen Schütze und habe sich noch im hohen Alter von seiner Frau getrennt. Er bräuchte niemanden, der ihm, wenn er nach Hause käme, sagen würde, wie schrecklich der Tag gewesen sei und nur meckere, sagt er mir. Da sei er lieber allein und glücklich. Rudi gibt mir noch eine Lebensweisheit mit: »Haben Sie schon einmal erlebt, dass sich Menschen ändern können? Also ich nicht!« Wie recht er hat! Ändern kannst du nur dich selbst und deine Einstellung zu Dingen oder Menschen – dein Gegenüber eher selten.

Rudi hat fast die ganze Welt bereist. Aus aller Herren Länder hat er Kunstschätze bei sich im Laden stehen oder hängen. Er sagt zufrieden: »Ich muss doch Unmengen an Schutzengeln in meinem Leben gehabt haben. Ich bereue nichts. Doch – eine Sache vielleicht: Ich bereue, dass ich kein Tagebuch über mein Leben geschrieben habe. Jetzt ist es dafür zu spät.«

Ich habe ihm gesagt, dass es doch nie zu spät für irgendetwas sei, aber er meinte, es lohne sich nun nicht mehr, denn was würde er schon noch erleben? Rudi hat mich einmal mehr ermutigt, dass es eine gute Sache ist, ein Tagebuch zu führen. Jeden Tag aufs Neue. Du kannst gleich damit anfangen ...

Und wie sieht es aus mit dem Briefeschreiben – ist das oldschool oder romantisch? Ab und zu finde ich es wunderbar, wenn man sich noch Briefe schreibt. Das fängt schon mit der Überraschung am Briefkasten an, wenn man ihn öffnet und ein handschriftlich beschriebener Umschlag von einem lieben Menschen darin ist. Briefe sind wie ein kleines Geschenk für den Empfänger. Sie zeigen, dass du dir Zeit für ihn genommen hast. Sie sind viel persönlicher als viele andere Arten der Kommunikation, sagen sie doch aus, dass du etwas nur mit diesem Menschen teilen möchtest. Du hast dir mehr Arbeit gemacht, als es per digitaler Nachricht der Fall gewesen wäre. Es passiert heutzutage nur leider viel zu selten. Briefe schreiben gehört für mich in eine ähnliche Schiene wie Tagebuch schreiben. Wann wird überhaupt noch etwas mit der Hand geschrieben? Außer dem Einkaufszettel oder kleinen Notizen fällt mir da wenig ein. Welche Handschrift hat mein Gegenüber? Ich weiß es noch nicht einmal in meinem engsten Kollegenumfeld.

Schreiben fördert die Kreativität und macht irgendwie auch glücklicher, als immer nur alles zu tippen und auf »Speichern«

oder »Senden« zu klicken. So manche Karte bei mir ist inzwischen schon sehr alt, handschriftlich von meiner Omi oder meinem Opa verfasst. Ich freue mich noch heute, wenn ich sie beim Aufräumen dann und wann in den Händen halte.

Gartenarbeit

Sind wir nicht alle meistens »Sitztäter«?

Ich gehe mal zurück zu unseren Anfängen. Einmal aus dem Mutterleib heraus liegen wir zunächst erst auf dem Rücken, können uns dann allmählich in mühevoller Kleinarbeit auf den Bauch drehen, fangen an zu robben, danach zu krabbeln und ziehen uns dann irgendwann an der Tischkante hoch, bis wir ganz stolz mühevoll den mehr oder minder aufrechten Gang schaffen. Auch wenn sich niemand von uns an sein erstes Lebensjahr erinnern kann, wo sich all das beschriebene monatelang schrittweise vollzieht, haben wir nun alle den perfekt aufrechten Gang drauf. Das Problem ist nur, dass ihn die meisten von uns viel zu wenig nutzen. Wenn du nicht gerade einen Hund hast, mit dem du Gassi gehen musst, oder eine Uhr, die dich genau ermahnt, wie viele Schritte du heute noch laufen solltest, sitzen die meisten von uns viel zu viel. Der klassische Büro- oder Homeoffice-Job macht uns zu »Stubenhockern«. Dem Rücken gefällt das gar nicht und dem Po auch nicht, entfernt er sich doch im Laufe des Lebens durch ständiges Daraufsitzen immer mehr von der gewünschten Apfelform in Richtung einer ausladenden Birne. Was also tun? Jede Gelegenheit nutzen, sich zu bewegen, und selbst aktiv werden.

Zwar müssen die meisten von uns nur in den Supermarkt gehen, um sich ihre Lebensmittel zu kaufen, aber wir sollten die Vorteile und den Nutzen des Selbstsammelns und Selbstmachens in vielerlei Hinsicht nicht unterschätzen.

Du musst ja nicht gleich wie ein Eichhörnchen fleißig im Herbst zwischen Walnussbaum und Nussstrauch hin- und her- hüpfen und dir Wintervorräte anlegen, aber im Herbst Pilze oder im Sommer Beeren und Früchte sammeln hat schon etwas mit uns »Urmenschen« zu tun und wir sollten es nicht gänzlich aus den Augen verlieren. Kleine Beeren von Sträuchern abzup- fen hilft auch beim Entspannen. Ich habe es in den vergangenen Jahren zum festen Ritual gemacht, Erdbeeren selbst zu pflücken und sie dann zu Marmelade zu verarbeiten. Es ist zu einem herr- lichen Natur-Event in der Sommerzeit geworden. Einfach, le- cker, nachhaltig und eine monatelange Freude. Übrigens nicht nur bei mir, sondern auch bei denjenigen, denen ich die Gläser schenke.

Für manch einen ist dieses Wort Gartenarbeit vielleicht tat- sächlich negativ behaftet, aber es kann auch so viel Mehrwert und Freude bringen, wenn du es nicht als reine Arbeit ansiehst, sondern als »Freude am Wachsen«. Wer im Frühling oder Herbst kleine Pflänzchen oder Zwiebeln in die Erde steckt, sie hegt und pflegt, kann sich über das Wachsen, Gedeihen und die Ernte im Sommer freuen. Das selbst gepflanzte Bäumchen im Garten, das irgendwann Früchte trägt, die Feigen am Baum auf dem Balkon oder der Salat und das Gemüse aus dem heimischen Beet schme- cken einfach so viel besser als das aus dem Supermarkt. Und du weißt den Wert eines Lebensmittels auch viel mehr zu schätzen, wenn du dich selbst darum gekümmert hast.

Mache etwas Sinnvolles mit deinen Händen, am besten im Grünen, und erfreue dich daran.

Lebenslanges Lernen: Investieren in Weiterbildung

Wohl die wenigsten von euch können sich vermutlich vorstellen, ein und denselben Job bis ins hohe Rentenalter zu haben. Was du vielleicht noch aus früheren Generationen kennst, dass jemand mit der Ausbildung bei einem Unternehmen gestartet ist und dann bis zur Pensionierung in ein und derselben Firma blieb, ist heute längst nicht mehr die Norm. Und das ist auch gut so, wie ich finde. Wer hat schon mit 16 bei XY gestartet und ist bis rund 65 Jahren dortgeblieben? Vermutlich die wenigsten.

Leben bedeutet Wandel und Veränderung und das ist oftmals das Salz in der Suppe. Ich wollte immer etwas mit Medizin studieren, dann Apothekerin werden und habe doch schließlich bekanntermaßen einen ganz anderen Weg eingeschlagen. Irgendwann habe ich die Yogalehrerausbildung daraufgesetzt. Das Ganze dann an verschiedenen (aus heutiger Sicht viel zu wenigen) Orten.

Eine Investition in Bildung ist immer eine gute Sache. Sie erweitert deinen Horizont und kann zu deutlich mehr Gehalt, aber vor allem auch Lebensinhalt führen. Ob du eine neue Sprache lernst oder dich einem dir bisher fremden Bereich widmest, der dich schon immer interessiert hat. Probiere es aus und wage den Sprung in die Weiterbildung.

Aus dem Bachelor kann ein Master werden, du kannst ein Fernstudium belegen oder berufsbegleitende Fortbildungen machen. Wenn du dich verändern möchtest, aber nicht genau weißt, in welche Richtung es gehen soll, lege ich dir ein Coaching ans Herz. Zusammen mit einem Coach, einem Trainer sozusagen, erkennst und erarbeitest du deine Stärken und Schwächen. Du kannst herausfinden, was du möchtest und was du auf keinen Fall willst.

Oder du entscheidest dich dafür, selbst in den Bereich des Coachings zu gehen in deinem Berufsfeld. Auch das ist eine Möglichkeit der Weiterbildung für dich und für andere.

Apropos andere ... einen Aspekt solltest du nicht außer Acht lassen: Wenn du dich berufsbegleitend für eine Weiterbildung entscheiden solltest, bedeutet das auch, dass du deutlich weniger Zeit für andere hast. Der Haken an der Sache ist ganz klar, dass du soziale Abstriche machen musst. Der Tag hat nur 24 Stunden und wenn du sie in Job und zusätzlich in deine Fortbildung steckst, müssen Freunde und Familie auf dich warten. Aber wenn alles richtig läuft, sollte für alle Seiten diese Epoche eine Weile auszuhalten sein. Schließlich handelt es sich vermutlich um einen zeitlich begrenzten Ausnahmezustand.

Egal, wofür du dich entscheiden solltest – deine grauen Zellen freuen sich über jegliche neue Herausforderung. Das fängt schon mit dem Anspruch auf Bildungsurlaub seitens deines Arbeitgebers an und hört bei der Möglichkeit, die Investitionen in Bildung steuerlich abzusetzen, noch lange nicht auf. Das Schwierigste ist hier das berühmte »Aufraffen« – runter vom Sofa, rein in die Fortbildung, Uni, Volkhochschule, was auch immer. Was bei mir an Weiterbildung so ansteht? Nach dem Schreiben dieses Buches endlich wieder mehr Zeit zum Lesen, Tanzen, Sprachenlernen ...

Familie: Investieren in den Nachwuchs

Wie lebt eine Großfamilie im Rhein-Main-Gebiet? Über eine gemeinsame Freundin werde ich auf Nina aufmerksam. Sie und Holger haben fünf gemeinsame Kinder, nicht Patchwork wohlgemerkt, und ich habe so viele Fragen an beide.

Als ich Nina zum ersten Mal in ihrem Zuhause treffe und sie mir die Tür öffnet, fällt sie mir freudestrahlend um den Hals, so als wären wir bereits alte Bekannte.

»Würdet ihr sagen, ihr seid reich?«

»Nein«, sagt sie wie aus der Pistole geschossen. »Reich sind wir nicht ... obwohl ...«

So steht sie vor mir: Nina, Sternzeichen Löwe, Mitte 50, perfekt pedikürte Füße mit French Lack und barfuß. Sie ist vielfache Mutter von Kindern im Alter zwischen 10 und 23, Mädchen und Jungen gemixt. Alle fünf Kinder waren eine ganz bewusste Entscheidung, sagen die Eltern.

Nina weiß genau, was sie will. Schon immer war ihre Priorität Nummer eins, Kinder haben zu wollen. Daran hat auch ein abgeschlossenes Studium nichts geändert. Ihr Mann Holger und sie kennen sich seit 24 Jahren und sie war wiederum 24, als sie geheiratet haben. Gerade machen sie sich Gedanken darüber, was sie wohl zu ihrer Silberhochzeit so alles anstellen wollen mit der Familie.

Als ich ins Wohnzimmer komme, schießt mir sofort eins durch den Kopf: Wie kann das alles hier so aufgeräumt und ordentlich sein bei so vielen Kindern im Haus? Okay, sie sind schon ein bisschen größer, aber dennoch ... so »clean« und gleichzeitig »cosy« hätte ich es nicht erwartet. Nur ein »Mensch ärgere dich nicht«-Spiel steht auf dem Boden. Beide Elternteile sehen so entspannt aus, als würden sie sich tatsächlich durch nichts aus der Ruhe bringen lassen.

Klar, bei fünf Kindern und dann insgesamt sieben Personen braucht man von allem doppelt so viel. Zwei nebeneinanderstehende Esstische, 12 Stühle und eine Riesen-Wohnlandschaft mit vielen Kissen. Wer ab und zu mal zu siebt kuscheln und fernsehen möchte, braucht Platz.

»Wir wollen Zeit mit den Kindern verbringen. Wir haben immer relativ viel aufeinandergehockt«, sagt Nina.

Wir kommen ins Plaudern, glücklicherweise mit Nina und Holger gemeinsam, denn er ist im Homeoffice. Klare Rollenverteilung? Es geht so – und sie ist nicht ganz klar definiert. Er ist der

Alleinverdiener, aber kümmert sich um die Einkäufe und um alles rund ums Gepäck der Großfamilie, wenn es in den Urlaub geht. Das meiste Geld geben sie für Lebensmittel aus.

Zweimal im Jahr geht es zusammen in den Urlaub. Früher war es immer Juist. »Irgendwann hatten wir keine Lust mehr, für schlechtes Wetter so viel Geld auszugeben!«, sagt Nina. Also haben sie Juist gegen Mallorca eingetauscht. Mutter und Kinder fliegen mit dem Billigflieger, Holger fährt mit dem Auto voller Gepäck in Richtung Süden nach und nimmt dann die Fähre.

Zwei Wochen Sommerurlaub in Spanien genießen sie dann zusammen. Sie fahren auch regelmäßig mal auf den Campingplatz. Im Winter geht es zum Skifahren. Ein Satz von Holger dazu: »Früher sind wir immer im Winter nach Österreich gefahren. Aber ab dem dritten Kind hat es dann nur noch für den Schwarzwald gereicht. Alles andere wäre zu teuer gewesen. Das ist aber auch okay.«

Ebenso »okay« war es für ihn, als junger Mann irgendwann seinen Porsche 911er Cabrio gegen einen Golf Kombi einzutauschen. Früher sei er viel gereist und Ski gefahren, »aber irgendwie war es das noch nicht«.

Zunächst bekamen sie zwei Kinder. Doch beide wollten mehr. Und so kamen irgendwann nach einer größeren Pause noch drei nach. Auch ein sechstes Kind hätte sie nicht ausgeschlossen, aber er wollte tatsächlich nicht mehr – unter anderem auch aus finanziellen Gründen.

»Bei fünf Kindern schauen die Leute schon hin, oder?«, frage ich. »Ja, das tun sie absolut«, sagt Nina. Die Leute gucken wirklich, wenn wir kommen. Früher hatten wir einen Van, jetzt fahren wir ein normales Auto. Das hilft schon.« Holger ergänzt dazu ganz lapidar: »Ab dem dritten Kind warst du eh schon asozial, dann kommt es ja auf zwei mehr auch nicht an.« Er lacht. Ja, so ist das eben. Bei so vielen Kindern runzeln manche schon ungläubig die Stirn.

Nina und Holger würde ich als gehobenen Mittelstand bezeichnen. Sie haben keinen Ehevertrag, der im Fall der Fälle absichern würde, und das Haus, in dem jedes der fünf Kinder sein eigenes Zimmer hat, geht vielleicht irgendwann an die Bank zurück. Es wird voll finanziert. Hierzu sagt er: »Ich muss das Geld zurückzahlen, ich muss kein Geld damit verdienen.«

Kinderreichtum schließt in den meisten Fällen materiellen Reichtum aus.

»Du schaffst es nicht, gleichzeitig dein Konto zu füllen und viele Kinder zu haben. Du musst Geld und Karriere machen, bevor du Kinder bekommst. Sparen geht bei uns überhaupt nicht – und ja: Geld ist zwischen uns und den Kindern häufig ein Thema. Wir überlegen uns schon, können wir jetzt zusätzlich noch in den Urlaub fahren, wo wir gerade etwas am Haus gemacht haben.«

23, 21, 15, 13, 10 – das sind wichtigen Zahlen für Nina und Holger, in diesem Alter sind ihre fünf Kinder. Ich wollte wissen, ob und wie viel Taschengeld sie pro Monat bekommen. »Gute Frage«, heißt es dann. »Wir haben die Kinder gefragt, wollt ihr wirklich Taschengeld oder regeln wir das so? Wir regeln das so. Mal bekommt der oder die eine etwas, beim nächsten Mal der oder die andere. Alle hatten schon immer das Bestreben, selbst etwas zu verdienen. Eine Tochter hat mit sechs Jahren angefangen, Ketten zu basteln, ein Sohn hat zwischen 8 und 14 Jahren Straßenmusik mit dem Cello gespielt. Wir haben immer danebengestanden und uns nicht zu erkennen gegeben.« Beide lachen. »Am Anfang war es mir sehr unangenehm, in die Stadt zu fahren und das alles in der Fußgängerzone für mein musizierendes Kind aufzubauen«, sagt Holger. Aber offenbar gewöhnt man sich an vieles, sagt er mir und der Verdienst seines Sohnes in dieser Zeit sei gar nicht mal so schlecht gewesen.

Wie finden die Kinder das eigentlich, dass sie so viele Geschwister haben und so viel teilen müssen? Nina sagt dazu: »Die Geschwister fanden das super, wenn noch ein neues Baby unterwegs war. Das haben wir damals schon so mit ihnen besprochen. Sie haben sich immer um das neue Geschwisterchen gekümmert. Am schwierigsten war es eigentlich, als wir nur zwei Kinder hatten. Ab dem dritten wurde es dann besser.«

»Habt ihr keine Angst, dass ihr in finanzielle Nöte kommen könntet, bei allem, was nun teurer geworden ist, bei der hohen Inflation?« Holger: »Ja, die habe ich, das muss ich ganz ehrlich sagen. Es gab Zeiten, in denen ich schon schlecht geschlafen habe, wo es finanziell nicht gut aussah.«

Nina: »Natürlich haben wir Freunde mit weniger Kindern, bei denen wir manchmal denken: Schön, dass sie sich das leisten können, bei uns geht es halt nicht. Sie haben zwei Kinder und da sind wir einfach nur neidisch, dass sie sich so geil viel leisten können«, sagt sie mit einem herzhaften und aus tiefstem Bauch heraus ehrlichen Lachen.

Es drängt mich, Nina eine sehr persönliche und nüchterne Frage zu stellen: »Nina, hast du keine Sorge, dass Holger dich vielleicht eines Tages sitzen lassen könnte und du finanziell mit fünf Kindern allein dastehen könntest?«

»Ich würde mir etwas ausdenken. Ich würde Tagesmutter machen, würde erst mal noch mehr in unser Secondhand-Klamotten-Ding einsteigen.« Nina verkauft Kleidung, Spielsachen und alles Mögliche auf ebay und auf Flohmärkten und holt damit immer etwas Geld rein. »Ich habe Betriebswirtschaftslehre studiert im Schwerpunkt Marketing. Ich habe mir keinen Plan gemacht, aber ich würde mir innerhalb von einem Vierteljahr etwas erschaffen, damit wir dann auch mal eine Pizza essen gehen könnten.«

Wow, das klingt nach einem finanziellen Plan, den Nina für den Fall hat, der hoffentlich nicht eintritt. Hier schwingt eine Menge

Zuversicht mit. Nina verkörpert als fünffache Mama nicht einen Hauch von Pessimismus. Sie verschwendet keinen Gedanken daran, dass etwas nicht gelingen könnte. Sicherlich ist sie nicht nur wegen ihrer positiven Einstellung ein Vorbild für ihre Kinder.

Also lerne ich: Falls alle Stricke mal reißen, Mut haben und die Pizza in Aussicht stellen. Denn essen gehen, das geht zurzeit fast gar nicht zu siebt. Dafür sind sie gerne zu Hause, zusammen an den beiden großen Esstischen. »Wir zelebrieren Weihnachten, dann haben wir recht viel Schmuck, Baum, Kerzchen ... wir versuchen, uns viele Freuden zu ermöglichen, die halt kein Geld kosten.«

Das fängt ganz banal an. Keiner aus der Familie geht zum Frisör. Die Haare werden selbst geschnippelt, einen kleinen Luxus zwischendurch muss man sich verkneifen. Nina besitzt nur eine einzige, große Handtasche. »Dafür ist es aber eine richtig gute«, sagt sie und wir lachen.

Freuden, die kein Geld kosten, und Ninas »Nein« zu Beginn meines Besuches bei ihr und ihrer Familie schießen mir wieder durch den Kopf. Sie sagte: »Nein, reich sind wir nicht. Denn mein erster Gedanke, wenn ich an reich denke, ist immer noch Geld. Und das haben wir nicht, aber wir sind reich an Spaß. Finanziell würde ich jetzt nicht sagen. Die Kinder wurden reich mit Zeit bedacht. Jedes für sich.«

Und sie erklärt weiter: »Wenn man den Kindern Zeit widmet, dann haben sie einen Reichtum, der sie fürs Leben aufbaut.«

> In Kinder investieren kann zwar nicht materiell, aber innerlich sehr reich machen.

Materieller Reichtum: Der Börsengang von Porsche

Der fünffache Vater Holger hatte es kurz erwähnt. Er tauschte irgendwann seinen Sportwagen gegen ein praktischeres Auto aus, in dem die komplette Familie Platz finden konnte. Ich staunte nicht schlecht, als ich den Satz hörte: »Fünf Kinder, also das hätte ich noch toppen können.«

Kinder – wer bietet mehr? Da muss ich lachen. Dieser Satz zu dann also insgesamt sechs Kindern fiel nicht irgendwo auf dem Spielplatz oder sonst irgendwo, wo sich kleinere Wesen gerne tummeln, sondern tatsächlich auf dem Frankfurter Börsenparkett. Ein ungewöhnlicher Ort für derlei Gespräche.

Wenn man wie ich seit rund 14 Jahren fürs ZDF vom Frankfurter Börsenparkett berichtet, bekommt man schon so einiges mit. Doch das, was hier passiert ist, war nun auch nicht alltäglich – der Börsengang des Sportwagenherstellers Porsche am 29. September 2022. Er platzt mitten hinein in eine Zeit von Trübsal, Kummer, Sorgen und tagtäglich nach unten korrigierten Wirtschaftsprognosen. Es ist der zweitgrößte Börsengang in der Geschichte des deutschen Aktienmarktes. Das finanzielle Volumen betrug 9,4 Milliarden Euro und passend zum Namen wurden genau 911 Millionen Aktien ausgegeben.

Porsche ist eine der wertvollsten Marken der Welt und inzwischen in den Deutschen Aktienindex DAX aufgestiegen. Die 40 Unternehmen, die sich darin tummeln, sind die top Wirtschaftsunternehmen Deutschlands. Seit dem Börsengang der Deutschen Telekom 1996 hat es diese Größenordnung nicht mehr gegeben. Global betrachtet war es der zweitgrößte Börsengang weltweit im Jahr 2022.

Als ich morgens an diesem eiskalten Septembertag Richtung Börse laufe, die rund fünf Grad Celsius hätten auch tiefsten Winter signalisieren können, stehen schon verschiedene

Porsche-Sportwagen-Modelle fein aufgereiht vor dem historischen Gebäude der Alten Börse in Frankfurt.

Der erste Porsche der 911er-Reihe hat Baujahr 1949. Damals fuhr er eine Spitzengeschwindigkeit von 170 Stundenkilometern. Vermutlich ließ dieses Modell früher in den 1950er-Jahren vor allem viele Männerherzen höherschlagen. Mit diesem Modell haben sie damals bestimmt zielsicher so manche Frau erobert, denke ich.

Jede Menge Journalisten und sehr viele Herren in dunklen Anzügen laufen aufgeregt vor der Börse hin und her. Alle mit weißen Hemden ohne Krawatten. Die sind ja so was von »oldschool« und bei Porsche schon längst verbannt worden, erfahre ich später von einem Porsche-Mitarbeiter. Eigentlich tragen die Herren auch dunkle Jeans und keine Anzüge mehr – »aber für den Börsengang haben sie sich fein gemacht«, sagt Lutz Meschke, stellvertretender Vorstandsvorsitzender von Porsche, lächelnd zu mir.

Lächeln ist überhaupt das Motto dieses besonderen Tages. Gewusel rund ums Parkett, viel Anspannung, wie wohl der Anfangskurs der Aktie sein würde, Fotos hier, Interviews da.

Weiße Etageren voll mit leckeren Häppchen, hier noch ein Kaffee, dort noch ein Sektchen – ausgelassene Stimmung, die guttut und uns einen kurzen Moment lang vergessen lässt, dass es um uns herum mit der Wirtschaft aktuell ziemlich düster aussieht. Aber heute ist Börsenparty angesagt beim IPO der Superlative, wie es im Fachjargon so schön heißt. Das Sagen beim Stuttgarter Sportwagenhersteller haben nach wie vor die Familien Porsche und Piëch. Die Umsatzzahlen sprechen eine deutliche Sprache für den Erfolg. Sie klettern in den vergangenen Jahren stetig nach oben. Im Jahr 2021 machte Porsche einen Umsatz von mehr als 33 Milliarden Euro. Verkauft wurden in dem besagten Jahr knapp 302.000 PS-starke Fahrzeuge.

Das Börsenglockengeläut gegen neun Uhr will nicht enden. Geballter Bizeps-Power von Porsche-Konzernchef Oliver Blume und seines Co-Chefs Lutz Meschke schwingen die schwere Börsenglocke immer und immer wieder. Beide hätten wohl nicht gedacht, dass sie so schwer ist, kommen aus dem Lächeln aber nicht mehr heraus. Die Freude und Erleichterung nach drei Jahren Vorbereitungszeit auf diesen Tag ist immens.

»Ein Traum wird wahr. So ist Porsche einst entstanden. Träume zu erfüllen ist seit jeher unser Antrieb. Heute geht für uns selbst einer der größten Träume in Erfüllung.« Nach diesem Satz dankt Oliver Blume rasch den rund 37.000 Mitarbeitern des Konzerns, »ohne die das nicht möglich gewesen wäre«. Inzwischen gehört es zum guten Ton und jeder CEO hat verstanden, dass er selbst im Unternehmen untergehen würde, wenn er nicht die Arbeitnehmer in ausreichendem Maße entsprechend würdigen würde.

Viel Euphorie herrscht dann, als der anfängliche Kurs der Aktie über dem Ausgabepreis liegt. Ein kleiner und hauchdünner Gewinn vor der DAX-Tafel, die auch an diesem Tag nicht vor Freude glänzt. Der Kurs des Börsenbarometers hält sich rund um die 12.000-Punkte-Marke. Das Jahr 2022 war ein düsteres Börsenjahr. Na klar, wo soll bei diesen politischen und wirtschaftlichen Nachrichten auch der Optimismus herkommen?

Das ist die eine Seite. Die andere ist, dass es, meinem Empfinden nach, leider oftmals typisch deutsch ist, Erfolge kleinreden und schmälern zu wollen. Oft wird nach dem berühmten Haar in der Suppe gesucht. Freude wird manches Mal getrübt und so, wie häufig übers Wetter gemeckert wird, wird vieles auch hierzulande schlichtweg zerredet.

Kritik an diesem Porsche-Börsengang gab es aus Investorensicht viel. Aber er ist auch ein Lichtblick, dass ein Unternehmen den Sprung aufs Frankfurter Börsenparkett wagt und nicht direkt an die New Yorker Börse an der berühmten Wall Street. Den Erfolg möchte ich hier nicht schmälern.

Interview mit Lutz Meschke, Stellv. Vorstandsvorsitzender Porsche AG

Ich telefoniere mit Lutz Meschke rund zwei Monate nach diesem Börsengang. In unserem Vorab-Gespräch sagte er mir, dass er gerade auf dem Sprung nach New York sei – beruflich versteht sich.

»New York, wie schön!«, sage ich.

»Na ja, Sie wissen, wie das auf Geschäftsreisen ist. Von der Stadt sieht man wenig, nur den Flieger, den Flughafen und den Ort, an dem Meetings stattfinden.«

Ich sage zu ihm, dass ich ihm wünsche, dass er zumindest die Zeit zum Joggen im Central Park findet. Antwort:

»Klar, diese Zeit nehme ich mir immer. Das ist ein Muss. Und wenn es nur die kleine Runde von 25 Minuten ist.« Diese Antwort zeigt mir: Wir sprechen dieselbe Sprache.

Nach seiner Rückkehr und Abseits des Trubels am Börsenparkett frage ich ihn einige Wochen später vieles, was so rein gar nichts mit meinem Job der Börsenberichterstattung zu tun hat. Die Freiheiten habe ich jetzt, denn es geht ums Buch und nicht um eine Börsenschalte. Wer könnte mir besser Rede und Antwort zum Thema »Reichtum und Investments« stehen als er? Denn dieses Mal meine ich ja im wahrsten Sinne des Wortes materiellen Reichtum.

»In welche Dinge investieren Sie privat?«

»Hauptsächlich in die Familie. Das gelingt mir besser bei den jüngeren Kindern. Im Nachhinein hätte ich bei den älteren mehr da sein sollen. Auf die Hobbys der Kinder und als Gesprächspartner eingehen sollen, mehr auf Augenhöhe mit der Mutter sozusagen.«

»Wie viel kostete der teuerste Porsche, den sie bislang verkauft haben?«

»Das müsste der 918 Spider gewesen sein. Das war eine limitierte Auflage, 2013 war das – es waren über 700.000 Euro. Limitiert auf 918 Stück. Die Hälfte davon ging in die USA.« Der erste Plug-in-Hybrid in dem Preissegment.

700.000 Euro für ein Auto. Welche Summe! Vielleicht doch lieber in Immobilien investieren statt in ein Fahrzeug? Aber wie naiv bin ich denn? Wer so viel Geld ausgibt, besitzt sicherlich bereits mehrere Immobilien und braucht das Auto als Erwachsenenspielzeug.

»Was sind das für Menschen, die sich einen Porsche kaufen, wie sieht der typische Porsche-Kunde aus?«

»Den gab es vielleicht früher, als es nur den 911er gab. Durch die Ausdehnung in Richtung SUV und Elektro sind ganz andere Kunden dazugekommen. Beim Modell Taycan sind 60 Prozent Erstkäufer. Beim Thema Nachhaltigkeit standen wir aus deren Sicht nicht an vorderster Front. Die Kunden wollten ein Auto mit Nachhaltigkeit plus sozialer Verantwortung. Ich muss als erfolgreicher Hersteller auch gesellschaftlich einen Nutzen aufweisen können. Verbunden mit dem Öko-Aspekt. Die Kunden werden jünger und weiblicher. In China haben wir bereits zu 50 Prozent weibliche Kunden im Durchschnittsalter von 35 Jahren. In Europa und den USA sind die Kunden rund 55 Jahre alt und der weibliche Anteil liegt bei unter 20 Prozent. Diesen Trend, wie wir ihn aus China kennen, wollen wir mit der weiteren Elektrifizierung unserer Produktpalette fortsetzen. Wir wollen uns unabhängiger machen von den Hardcore-Porsche Fans. Sie sind extrem wichtig für uns, ebenso wie das Thema Emotionalität. Beide Dinge sind wichtig – Emotion und Nachhaltigkeit. Wir wollen bis zum Jahr 2030 CO_2-neutral werden.

Für uns ist der soziale Aspekt unglaublich wichtig. Wir setzen auf Bildungsthemen und die Jugendförderung. Hier können wir nur mit privaten Unternehmen stärker werden. Auch beim Thema Digitalisierung müssen wir hier ansetzen.«

»Was denken Sie selbst darüber, wenn Sie diesen weltweit wachsenden Reichtum einer ebenfalls wachsenden Zahl von Armut entgegenstellen. Mit dem Geld könnte man doch auch Sinnvolleres tun, umverteilen, oder?«

»Der Mittelstand bröselt immer mehr aus und die Schere zwischen Arm und Reich geht immer weiter auseinander. Das darf aber nicht passieren. Sonst wird es immer schwerer, eine lebenswerte Gesellschaft zu haben. Wir kreieren dadurch Spannungen ohne Ende. Eine solche Entwicklung wie jetzt gerade haben wir in Europa noch nicht gesehen. Wir müssen uns doch fragen: Wie können wir in Afrika sinnvoll investieren, damit es nicht schlimmer wird? Es ist nicht so einfach, dagegenzuarbeiten. Als starkes Unternehmen muss man hier auch eine starke Rolle spielen. So arbeiten wir, so versuchen wir auch mit der Politik einiges zu erreichen. Wenn ich immer nur Mainstream darstelle, passiert nichts. Man muss mutig sein. Umso wichtiger ist es, dass sich die Mutigen zusammentun, um dann über ein Netzwerk gemeinsam Akzente zu setzen.«

»Ich stelle jetzt auch eine mutige Journalistenfrage: Ist es in diesen Zeiten der Klimakrise noch vertretbar, einen PS-Boliden und eine CO_2-Schleuder im Fuhrpark zu haben? Ist dem klassischen Porsche-Kunden der Klimawandel völlig wurscht?«
»Den wird es vielleicht hier und da noch geben, aber die Gesetzgebung geht ja mit den neuen Regularien in die richtige Richtung. Vielleicht verschwindet dann aber ein bisschen die Emotionalität. Als Unternehmen muss man sagen, wir haben die Zeichen der Zeit erkannt. Denen, die sich die Emotionalität mit einem Verbrenner bewahren wollen, denen lassen wir ihre persönliche Freiheit. Bis 2030 sollen 80 Prozent der Fahrzeuge elektrisch sein. Der Rest Verbrenner, der dann noch übrig ist, wird der 911er sein.«

»Sie haben mir verraten, dass sie Vater von sechs Kindern sind. Was fahren Sie selbst für ein Auto?«
»Also die Zeiten, in denen wir alle zusammen gefahren sind, sind längst vorbei. Alle, die jetzt bei uns im Haushalt wohnen, kriegen wir in ein Auto hinein. Momentan arbeiten wir bei Porsche an einem Auto mit sieben Sitzen und werden es wohl mittelfristig auch anbieten können. Aus den USA kam der Wunsch von den sogenannten *Soccer Mommies.«*

Das sind die Mütter, die Fahrgemeinschaften bilden und ihre Kinder dann samt Freunden nachmittags zu den Hobbys, hier Fußball, kutschieren.

»Wie sieht die Mobilität der Zukunft aus?«
»Sie wird irgendwann rein elektrisch sein. Und das autonome Fahren wird zum Bestandteil der Mobilität werden. Es wird kommen, aber es wird sicherlich in den verschiedenen Erdteilen unterschiedlich sein.«

»Die Welt ist vollkommen divers. Während China und Indien einen enormen Nachholbedarf an Wohlstand und Reichtum haben, machen hierzulande weniger junge Menschen den Führerschein. Das eigene Auto zum 18. Geburtstag ist auch längst nicht so hip. Es steht nicht mehr ganz oben auf der Wunschliste, oder? Wie und wo holen Sie die nachfolgenden Generationen ab?«

»Ist das so? Ich glaube das, wenn ich nach Berlin blicke. Da habe ich genügend mobile Infrastruktur. Auf dem Land ist es für viele anders und der eigene Führerschein immer noch ein Zeichen von Freiheit. Meine Kinder haben den Führerschein machen wollen und wollten dann irgendwann auch ihr eigenes Auto. Am Ende ist der Freiheitsdrang dann doch so groß, dass viele lieber Auto fahren. Ein Thema, was in den ländlichen Gegenden immer noch hochgehalten wird. Es mag sein, dass sich das etwas abschwächt, aber in anderen Ländern wird das Thema Mobilität in der Mittelklasse und Oberschicht durchaus noch deutlich zunehmen. Es war einmal Thema, dass uns die nachfolgenden Generationen wegbrechen und fehlen würden, aber das ist gar nicht der Fall.«

Offensichtlich kommt es beim Thema Mobilität und das eigene Auto ganz darauf an, wo (in welchen Regionen) man lebt. Und bei glänzenden Lacken glänzen bei manch einem ja generationsübergreifend immer wieder auch die Augen.

Mode: Investieren in den eigenen Stil

Der verstorbene Modezar Karl Lagerfeld hat sich in seiner bekannt spitzzüngigen Art rund 50 Jahre lang mit Mode befasst und sich hinlänglich dazu geäußert: »Wer eine Jogginghose trägt, hat die Kontrolle über sein Leben verloren.« Das ist wohl eines der bekanntesten Zitate von ihm.

Er leitete 35 Jahre die Geschicke bei Chanel und ich kann mich nicht erinnern, dass die Jogginghose dort jemals eine große Rolle gespielt hat. Nach wie vor ist Chanel das führende Modehaus, der Stil meistkopiert.

In meiner Familie wurde schon immer Wert auf gute Kleidung gelegt. Das wurde mir in die Wiege gelegt. Meine Omi und meine Mutter waren und sind wie aus dem Ei gepellt, wenn sie das Haus verlassen. Deshalb ist es für mich nur naheliegend, hier auch über das Thema Mode zu schreiben. Wenn du gut gekleidet bist, strahlst du im Allgemeinen damit auch etwas aus. Stilvolle und schicke Kleidung vermittelt ein sicheres Auftreten und stärkt das Selbstbewusstsein. Und dabei muss sie nicht einmal teuer sein!

Mich begleitet seit frühester Kindheit der Satz: »Wie du kommst gegangen, so wirst du empfangen!«

Für mich war das nicht immer entspannt. Manchmal in der Jugend war es auch nervig, wenn der eigene Stil in den Augen der Erwachsenen nicht zum Anlass passte. Klar wollte ich auch mal gerne eine abgewetzte Jeans tragen, wie viele andere in meinem Alter auch. Dann kam öfter mal die Frage auf: »Jeans, muss das denn sein? Hast du keine andere Hose«?

Mein Opa bezeichnete Jeans meistens als »Schlosserhose«. Für ihn war es ein Kleidungsstück, mit dem man handwerkliche Arbeiten verrichtete, was aber keinesfalls in seinen Augen (und vor mindestens 30 Jahren) salonfähig war. Jeans trug man am besten gar nicht, weder im Alltag, geschweige denn zu besonderen Anlässen.

Es war eben auch lange vor der Zeit, in der »Denim« so richtig Trend wurde und es alle erdenklichen Kleidungsstücke von Kappe über Schuhe bis Taschen in Jeansstoff und in jeglichen Arten von Waschungen, mit und ohne gewollte Löcher, gab.

Das Mode-Rad dreht sich ständig weiter. Trends kommen und gehen. Das liegt in der Natur der Sache.

In den 1980er-Jahren hießen Models manchmal noch Mannequins, Vintage hieß Secondhand, der Catwalk war der Laufsteg und die Damen, die Mode präsentierten, waren alle groß und schlank, sonst hätten sie den Job nicht bekommen.

Auf den Modenschauen, wie es damals hieß, wurden sie umhüllt von echtem Leder und dann und wann auch noch von echtem Pelz. Ethisch-moralisch vertretbar waren die Felle toter Tiere auch damals nicht, aber dem Tragen wurde weniger Aufmerksamkeit gewidmet als heute.

In den 1990er-Jahren kratzen die Schönheiten und Supermodels dann optisch längenmäßig an der 1,80-Meter-Marke und Claudia Schiffer – »La Schiffer«, wie sie in Paris genannt wurde – war »unser schönster deutscher Exportschlager«.

Wie das Meer die Wellen an den Strand schwappen lässt, sie sich abflachen, zurückgehen und dann das ganze Spiel wieder von vorne beginnt, verändert sich auch die Mode. In regelmäßig wiederkehrenden Wellen kommt aber alles irgendwann wieder. Meiner Ansicht nach kehrt modisch immer alles zurück, aber immer auch ein bisschen anders als früher. Das Rad lässt sich nicht zurückdrehen.

Dass man schon einige Jährchen auf dem Buckel hat, merkt man spätestens an dem Punkt, an dem die Jüngeren eine Mode als »neu« bezeichnen, du aber genau weißt, dass sie für dich schon das zweite, dritte oder vierte Mal dein Leben kreuzt. Vermeidlich neue Sachen hast du vielleicht noch im Kleiderschrank hängen oder sie irgendwann ausrangiert. Herrlich ist es in diesem Zusammenhang, den Unterschied bei meinen Eltern zu sehen.

Meine Mutter: »Das habe ich nicht mehr. Das habe ich weggegeben. Ach, so was trägt doch heute kein Mensch mehr«.

Mein Vater: »Doch, das habe ich noch. Das habe ich aufgehoben. Das kommt irgendwann wieder in Mode.«

Vielleicht kennst du das ja auch und kramst ein »eigentlich schon längst aus der Mode gekommenes« Teil auch gerade hervor und feierst es als eine modische Neuentdeckung – »es muss ja keiner wissen ...«

Ich nenne hier bewusst mal keine Mode, die gerade aktuell »in« ist, denn vielleicht liest du das Buch ja erst lange nach der Erstausgabe und dann lachst du dich kaputt, was damals so getragen wurde. Jetzt ist es vielleicht längst out und »ach, so was trägt doch heute kein Mensch mehr«. Womit wir beim nächsten Punkt wären: »Mode ist vergänglich, Stil bleibt.« Es ist wieder ein Zitat aus dem Hause Chanel. Dieses Mal von Coco Chanel höchstpersönlich.

Es macht einen Unterschied, wie du dich kleidest und was du aus dir machst. Dein Outfit muss kein Vermögen kosten, aber es sollte wirken.

Nehmen wir die Sonnenbrille und die Handschuhe von Karl Lagerfeld, das unverkennbare Chanel-Kostüm der Ikone Coco, das kleine Schwarze von Hubert de Givenchy für Audrey Hepburn oder die schrille Kleidung der verstorbenen Vivienne Westwood. Sie war ein Paradiesvogel par excellence – so auch ihre Mode.

> Kleider machen Leute. Es ist ein Unterschied, ob du einen schwarzen Mantel trägst oder eine Lederjacke, denn die Aussage ist eine völlig andere und wie du damit bei deinem Gegenüber ankommst, auch. Wie möchtest du wirken?

Erinnerst du dich noch an den Anfang des Buchs und mein Casting für die Börse? Ich trug Rot. In meinem Fall Dienstkleidung. Ich wollte damals wirken. Privat, glaube es mir oder nicht, besitze ich nicht ein einziges rotes Teil. Vielleicht ist die Erklärung auch ganz banal: Ich bin Sternzeichen Stier und Rot macht mich einfach wild, so wie in der spanischen Arena.

Dieses »Wie du kommst gegangen, so wirst du empfangen« mag zwar etwas »altbacken« klingen, stimmt meiner Ansicht nach aber noch immer. Vielleicht ist es eine der wenigen Konstanten beim Faktor Fashion.

Ich habe diese Erfahrung immer wieder gemacht. Du musst nicht von Kopf bis Fuß durchgestylt sein. Manches Mal reicht schon ein einziges Accessoire, das deinen Look verändert. Eine Kette, ein Ring, eine Tasche, eine Sonnenbrille, Schuhe. Alles in schwarz und dann ein grüner Hut – nur Mut. Why not, warum nicht?

Nun macht mir persönlich Mode unheimlich Spaß. Was mir zum Teil vorgelebt wurde, hat Früchte getragen. Ich ziehe mich gerne schön an und hüpfe auch ab und zu in einen Blazer. Er sorgt immer für eine selbstbewusste Ausstrahlung.

Mode wandelt sich. Alles rund um die Herstellung von Mode wandelt sich. Die Materialien wandeln sich. Die Einstellung der Menschen zu Mode wandelt sich.

Längst hat die Nachhaltigkeit bei den großen Modeunternehmen Einzug gehalten. Ganz einfach auch deshalb, weil kein Unternehmen mehr Investoren oder Kunden finden würde, wenn es nicht nachhaltig wirtschaften würde. Hinzu kommt, dass sich ein wahrer Shitstorm im Netz breitmachen würde, wenn dem nicht so wäre.

»Fast Fashion« arbeitet am Image. Das schnelle Herausbringen von ständig neuen Kollektionen und Trends ist das Geschäftsmodell der großen Billigmodeketten. Häufig wird das kopiert, was auf den Laufstegen in Paris, Mailand und New York gerade von den großen Designern präsentiert wurde. Sie schaffen tragbare und bezahlbare Mode für jeden Geldbeutel.

Weniger als einen Monat dauert es, bis ein Teil, was gerade ein Model in Paris bei einer Haute Couture Show getragen hat, in einer Fast Fashion Filiale hängt. Meist ist es dann aus Polyester, gut kopiert und dem Original vom Laufsteg sehr ähnlich, nur ums Zehnfache günstiger.

Den Preis dafür bezahlen andere. Ethisch-moralisch ist vieles bei der Billigmode umstritten und intransparent. Seitens der Unternehmen wird hart daran gearbeitet, gerade das zu ändern.

In Verruf geraten ist »Fast Fashion« spätestens zu dem Zeitpunkt, als in Bangladesch mehr als 1.100 Menschen beim Einsturz einer Textilfabrik gestorben sind. Mehr als 2.400 wurden verletzt.

Das war im April 2013. Nach dem Unfall wurde die Sicherheit der Textilfabriken staatlich überprüft. Einen Monat später wurden 18 Textilfabriken geschlossen. Mehrere weitere folgten. Textilarbeiter durften sich in unabhängigen Gewerkschaften zusammenschließen und Lohnverhandlungen führen.

Nicht allein deshalb hat ein Umdenken in der Gesellschaft stattgefunden. Gebrauchte Mode ist in. Mode wieder tragen anstelle von den neuesten Trends hinterherjagen ist nachhaltig und ethisch vertretbarer, als ständig das neueste Teil im Schrank zu haben, vor allem aber auch individueller. Der Boom von gebrauchter Mode, früher »Secondhand«, heute »Vintage« genannt, reißt nicht ab. Modetrends sind auch immer Sinnbild einer Gesellschaft.

Interview mit Anita Tillmann, geschäftsführende Gesellschafterin der Premium Group

Über die Trends und den Wandel in der Mode spreche ich mit Anita Tillmann. Sie ist geschäftsführende Gesellschafterin der Premium Group. Die gebürtige Düsseldorferin lebt in Berlin und hat ihre Leidenschaft Mode zu ihrem Beruf gemacht. Sie studierte Textil- und Bekleidungswirtschaft und startete vor 20 Jahren das Messekonzept Premium. Ich erreiche Anita kurz nach der Berlin Fashion Week im Januar 2023.

»Nach Corona und während des Krieges: Was sind die großen Herausforderungen für die Modeindustrie?«

»Die Prognosen für 2023 sind aufgrund des andauernden Krieges in der Ukraine, Ressourcenknappheit, Problemen mit Lieferketten, den Aufständen im Iran und den immer noch bestehenden Auswirkungen der Pandemie sehr verhalten.

Wir haben in den letzten 50 Jahren ein globalisiertes Mode-System aufgebaut und die Pandemie hat zum Vorschein gebracht, wie abhängig wir jeweils voneinander geworden sind und was passiert, wenn internationale Lieferketten unterbrochen werden. Das hat dazu geführt, dass viele Modemarken nicht imstande waren, ihr operatives Geschäft aufrecht zu erhalten. Auch deshalb geht der Trend wieder Richtung nationale, regionale und lokale Produktion.

Dazu kam, dass der Krieg die Welt in einen Schockzustand versetzt hat. Angesichts der weltpolitischen Lage erschien Mode plötzlich fast schon irrelevant. Viele Designerinnen und Designer haben ihre Fashion Shows ganz abgesagt. Die ganze Situation hat auch mich persönlich sehr getroffen und ich habe überlegt, was wir als Premium Group tun können.

Gemeinsam mit der Initiative »Be An Angel« haben wir die »Must-Have-Peace«-Aktion ins Leben gerufen und mit vielen befreundete Designerinnen und Designern Gelder für ukrainische Flüchtlinge gesammelt. Zudem haben wir letzte Woche Designerinnen und Designer aus der Ukraine die Möglichkeit geboten, bei uns ihre Mode dem Fachpublikum zu präsentieren. Das kam sehr gut an! Die meisten ukrainischen Marken wurden von Frauen gegründet, die Resilienz, Leidenschaft und Mut beweisen - das bewundere ich sehr.

Gleichzeitig stehen wir am Beginn eines neuen Zyklus, der in atemberauben-
der Geschwindigkeit vieles, was wir seit Jahren oder Jahrzehnten gewohnt sind,
neu definieren wird. Zwar wird die Modebranche seit jeher durch den Wandel
geprägt, aber die aktuelle Dimension ist eine neue. Das zwingt alle Marktteilnehmer, neu zu denken.

»Was machen Nachwuchsdesigner anders als sogenannte alte Hasen?«

»Was mir besonders auffällt, ist, dass die meisten Nachwuchsdesigner ganz selbstverständlich mit dem Thema Nachhaltigkeit umgehen. Sie ist die Basis ihres krea-
tiven Schaffens. Das liegt auch daran, dass die neue Generation bereits an den
Universitäten ein viel breiteres Spektrum an Expertise zu dem Thema vermittelt
bekommt und so ganz anders ausgestattet in die Arbeitswelt startet. Das Gleiche
gilt für den Umgang mit neuen Technologien. Die jüngere Generation ist mit dem
Internet aufgewachsen und hat somit einen ganz anderen Ausgangspunkt, wenn
es um die Adaption von neuen Technologien geht. Ich denke auch, dass die
Krisen der letzten Jahre dazu beitragen werden, dass der Nachwuchs agiler mit
Herausforderungen umgehen wird.«

»Welche neuen Materialien gibt es, Anita? Ich lese von Kleidung aus Gelatine
oder Mode aus dem 3-D-Drucker?«

»In den letzten Jahren hat sich da sehr viel getan auf dem Markt! Von Mode aus
Gelatine habe ich gehört, das ist aber eine Kunstform, denn sobald es zu warm
oder zu feucht wird, wird das Material aus Gelatine klebrig.

Mir fallen dazu auch gleich die ganzen neuen Alternativen zu Leder ein. Inzwischen gibt es Leder aus Ananas, Pilzen oder auch Äpfeln. Kein Tier muss dafür
sterben, sie bringen ähnliche Eigenschaften wie Leder mit sich und sind zudem
auch oft biologisch abbaubar – das ist toll!

Ich weiß auch von Stoffen aus Algen oder Papier, aber da gibt es mit
Sicherheit noch viel mehr. Ziel ist es, Stoffe zu kreieren, die keine begrenzten
Ressourcen oder giftige Chemikalien für die Herstellung brauchen, weniger CO_2
verbrauchen und im besten Fall noch biologisch abbaubar sind oder recycelt
werden können.«

»Hat die Diversität auf dem Laufsteg für die Modebranche vieles leichter gemacht?«

»Ich begrüße Diversität in der Mode sehr. Es gibt nun mal nicht nur die eine Körperform, die eine sexuelle Orientierung, die eine Definition von Schönheit. Und genau das spiegelt die Mode wider und das ist auch gut so. Mode sollte für alle da sein und niemand ausschließen.«

»Vintage ist ›in‹, weil Menschen Mode bewusster tragen wollen. Erkläre mir bitte diesen Boom bei Vintage-Mode.«

»Vintage-Mode galt unter Modeenthusiasten, schon lange bevor der Trend im Mainstream-Segment angekommen ist, als ›in‹. Modetrends wiederholen sich, deshalb findet man die besten Originale oftmals in Secondhandläden. Dazu hat man zu einzigartigen Vintage-Pieces eine emotionale Verbindung, weil man diese eben nicht auf jeder Shopping Mall finden kann. Oder man trägt ein Erbstück von den Eltern oder sogar Großeltern weiter und trägt damit die Geschichte zu dem Kleidungsstück stolz mit.

Dadurch, dass die Entwicklung zu nachhaltiger Mode auf dem Massenmarkt angekommen ist, erfreut sich auch Vintage-Mode größerer Beliebtheit. Neben dem emotionalen Aspekt liegen die rationalen Vorteile auf der Hand: Es ist nachhaltiger, ein Kleidungsstück länger beziehungsweise weiterzutragen, und man trägt das gute Gewissen dabei gleich mit. Dazu sind bereits getragene Stücke oft günstiger, als wenn man sie neu kauft.

Vor allem die jüngere Generation achtet auf nachhaltigen Konsum, möchte aber trotzdem nicht jeden Tag das gleiche Shirt tragen. Vintage-Mode ermöglicht es, mit besserem Gewissen zu shoppen. Viele große Mode-Unternehmen haben diesen Trend längst aufgegriffen und bieten ihren Kunden an, getragene Mode zurückzubringen, wenn sie dafür aber einen Gutschein bekommen, ist das nur bedingt nachhaltiger. Schaffen es Brands allerdings, wirklich das Volumen ihrer Kollektionen deutlich zu reduzieren und mit beispielsweise recycelten Stoffen zu ersetzen, können wertvolle Ressourcen eingespart werden.«

»›Fast Fashion‹ boomt aber ebenfalls nach wie vor, wie passt das zum Thema Nachhaltigkeit?«

»›Fast Fashion‹ ist nun mal günstiger und spricht deshalb in erster Linie jüngere Konsumentinnen und Konsumenten an, weil sie sich keine teurere Mode leisten können. ›Fast Fashion‹ hat aus meiner Sicht rein gar nichts mit Nachhaltigkeit zu tun, ganz im Gegenteil.

›Fast Fashion‹ ist einer der größten Treiber vom Überkonsum, was in der besagten Wegwerfkultur resultiert, was wiederum Ressourcen verschwendet und mit der Produktion von Massen an Kleidung die Umwelt verschmutzt. Eine Lösung sehe ich hier in Secondhand-Mode, man kann tolle Mode günstiger kaufen, ohne dass dafür ein neues Stück produziert werden muss.«

Dem einen oder anderen Teil in meinem Kleiderschrank werde ich nun vielleicht doch wieder neues Leben einhauchen und wiederum den einen oder anderen Kauf nochmals überdenken. Aber Mainitz und Mode – das Kapitel musste sein.

Investiere in deinen eigenen Stil. Du wirst sehen, dass du dich besser fühlst, ein anderes Auftreten hast und dein Umfeld anders auf dich reagiert. Mode muss nicht teuer sein, einen guten Stil kannst du auch mit kleinem Geld und Accessoires haben.

Sehnsucht nach dem Leben: Investieren ins Reisen

Kunst, Kultur, Reisen. Was kann es Schöneres geben? Das Zitat von Kurt Tucholsky »Reisen ist die Sehnsucht nach dem Leben« würde ich voll und ganz unterschreiben.

Als ich im Hochsommer am Bodensee in Bregenz sitze und mich gedanklich mit meinem Projekt »Buchschreiben« befasse, komme ich in einem Restaurant mit einem Mann ins Gespräch. Er kam aus dieser Gegend und fragte mich, die Touristin, was ich hier machen würde. Wir unterhielten uns also ein bisschen und irgendwann kam von ihm mit einem ungläubigen Stirnrunzeln samt Grinsen im Vorarlberger Dialekt die kritische Frage: »Aha, und dafür muss man also nach Bregenz an den Bodensee kommen? Um hier ein Buch zu schreiben?«

Ich war etwas perplex und antwortete dann lächelnd: »Ja, genau, dafür muss man nach Bregenz kommen.«

Sinnbildlich könnte es auch ein anderer Ort gewesen sein, an dem die Kreativität und die Ideen im Kopf anfangen zu sprudeln – fest steht nur raus in eine andere Umgebung. Reisen ist ein Perspektivwechsel.

Von außen betrachtet, sieht manches klarer aus. Wenn du deine gewohnte Umgebung verlässt, kommen viele Dinge zum Vorschein, die du vielleicht vorher nicht wahrgenommen und beachtet hast.

Ich wurde in einem Podcast gefragt, was ich jungen Menschen raten würde. Vielleicht war die Absicht der Interviewerin eine ganz andere und ihre Frage zielte hier mehr aufs Berufsleben ab, aber meine Antwort war: »Ich würde ihnen raten zu reisen, denn du weißt nie, wann die nächste Pandemie kommt und es ihnen wieder verbietet.«

Ganz langsam lassen wir Corona hinter uns. Doch auch gänzlich unabhängig von der Pandemie würde ich diesen Tipp immer wieder geben. Ich hörte einmal, dass ein älterer Mann zu seiner Frau sagte: »Komm, Inge, ich zeige dir die ganze Welt.«

Welch schöner Satz, dachte ich mir. Nachmachen, bitte. Du, jetzt und hier – fange gleich damit an. Die Welt ist zu groß, zu vielfältig und kostbar, um ignoriert zu werden. Ich kann dich nur ermuntern, wenn du Geld übrig hast und es ausgeben kannst, reise und lerne verschiedene Länder und Menschen kennen. Es wird dich bereichern.

Tauche ein in fremde Kulturen, versuche ihr Leben zu verstehen und blicke nicht von außen auf sie, sondern nimm dieses Anderssein mit Haut und Haaren mit. Für mich gehört zum richtigen Reisen dazu, nicht von außen wie eine Touristin auf das Andere zu blicken, sondern es zu spüren und mitzunehmen als Teil meines Innersten.

Am besten gelingt das mit ein paar Brocken in der Landessprache. Das kriegen auch die meisten hin, aber mit Englisch steht einem fast die ganze Welt offen – na ja, zumindest die zugänglichen Teile von ihr – für die unzugänglichen im tiefsten »Irgendwo im Nirgendwo« würde Englisch dann auch nicht mehr ausreichen.

Die Erkenntnisse, die du auf Reisen bekommst, sind nicht mit Geld zu bezahlen. Sie sind ein Schatz, den du für dich bewahren wirst für dein ganzes Leben. Es kann schon der kleine Ausflug an den Rhein am Wochenende sein oder die ganz weite Reise ans andere Ende der Welt. Die Gerüche, Farben, Geräusche, Stimmen, das Essen in anderen Regionen dieser Welt inspirieren und erweitern den Horizont.

Apropos Horizont: Der Sternenhimmel über dem südlichen Afrika samt dem Ruf eines Löwen oder die gigantische Sternschnuppe in der Wüste Dubais sind tief in meinem Herzen verankert.

Ebenso unvergesslich ist für mich ein Erlebnis in New York City, als ich für das ZDF nach meinem Studium im dortigen Studio gearbeitet habe. Eines schönen Nachmittags, als ich freihatte und auf Entdeckungstour war, bin ich mit der Subway eine Station zu weit gefahren. Außer mir waren nur noch komische Gestalten in der U-Bahn und ich stieg an der nächsten Station aus. Wieder oben am Tageslicht steuerte ich auf einen Polizeiwagen zu, der vor der U-Bahn-Station parkte. Ich fragte die schwergewichtigen »Policemen« nach dem Weg und bekam ein:

»You ended up in the Bronx young lady! You better go back to Manhattan. Right there over the bridge!«

Sie gaben mir unmissverständlich zu verstehen, dass ich in der Bronx gelandet war und ich besser wieder zurück nach Manhattan sollte. Klingt einfach, nur dass Manhattan sehr weit entfernt am Horizont hinter der Brücke lag. Wie ging die Sache aus?

Die zwei Polizisten ließen mich in ihren Wagen einsteigen und spielten das Taxi für mich – sie fuhren mich tatsächlich zurück nach Manhattan in eine sicherere Gegend. Als ich hinten im Auto saß mit einem durchaus mulmigen Gefühl im Magen, dachte ich, das kann jetzt auch nicht gut ausgehen. Das hätte es auch mit mir gewesen sein können. Aber ich hatte Glück. Die Polizei in New York war tatsächlich mein Freund und Helfer.

Das sind nur einige Erlebnisse in meinem »mittelalten Leben als Reisetante«, die ich mir bewahre und für die ich sehr dankbar bin.

Hinzu kommt: Reisen bildet, so ganz nebenbei, ohne dass wir uns dafür sonderlich anstrengen müssten.

»Man reist ja nicht, um anzukommen, sondern um zu reisen«, sagte schon Johann Wolfgang von Goethe und es macht auch etwas in unseren Köpfen. So gehen Forscher davon aus, dass Reisen durch uns nicht bekannte Länder oder auch das Leben im Ausland die Neuroplastizität unseres Gehirns erhöht.

Was ist das? Sie bezeichnet die Eigenschaft des Gehirns, sich durch Training zu verändern, und ist damit die

Voraussetzung dafür, dass wir lernen können. Durch äußere Reize verändern sich die Verbindungen zwischen den Nervenzellen im Gehirn (den Synapsen), indem sie stärker oder schwächer werden.

Das Eintauchen in fremde Kulturen verändert also nicht nur das, was wir denken, sondern auch, wie wir denken, nachhaltig und langfristig.

Abgesehen von den Erlebnissen auf den Reisen selbst, ändert sich nach dem Zurückkommen doch auch immer die Sicht auf viele Dinge daheim. Diese Ankunft kann gänzlich unterschiedlich ausfallen.

Ich erinnere mich, dass ich nach der Rückkehr von einer Reise nach Ostafrika voller Dankbarkeit und mit Bewusstsein den Wasserhahn aufdrehte. Was mir bis dahin im Alltag zu Hause normal und selbstverständlich vorgekommen war, habe ich nun aus einem anderen Blickwinkel wahrgenommen.

Unterwegs habe ich Kinder gesehen, die in Plastik-Kanistern Wasser aus dem Fluss abgeschöpft haben und es dann auf dem Kopf über die sandige Straße in die Wellblechhütte schleppten. Ihre lachenden Gesichter voller Lebensfreude bleiben mir ebenso unvergessen wie die Tatsache, dass Wasser ein teures Hab und Gut ist. Durch den Klimawandel wissen wir es in manchem trocken-heißen Sommer anders zu schätzen.

Das Bewusstsein ändert sich nach einer Reise. Manchmal wird die Dankbarkeit über das, was du hast und vielleicht nicht genug gewürdigt hast, größer. Ein anderes Mal wunderst du dich vielleicht, worüber sich hierzulande aufgeregt wird – für nichts und wieder nichts, wie es so schön heißt. Und es wächst auch zunehmend in mir die Erkenntnis, welche Dinge inzwischen in anderen Ländern vielleicht so viel besser laufen als hier und wovon wir uns eine Scheibe abschneiden könnten.

> Der Blick von außen und der Perspektivwechsel sind wichtig und Reisen eines der besten Investments überhaupt.

Ich selbst fasste nach einer bestimmten Reise nach Afrika den Entschluss, Teile meines Lebens umzukrempeln. Fern ab der Heimat erschienen mir Dinge plötzlich klarer denn je. Für mich ging der Weg nur noch in eine Richtung und es gab kein Zurück mehr. Hatte ich in Deutschland noch Angst vor den Konsequenzen und dem Warum, machte mir dieser Gedanke im fernen Afrika keine Angst mehr. Wieder in Deutschland zurück, war die Entscheidung gefallen. Und sie war richtig!

Als ich im Sommer aus Bregenz zurückgekehrt bin, war der Anfang des Buches geschrieben und die Ideen sprudelten in meinem Kopf. Ich bin mir sicher, der Start wäre in den eigenen vier Wänden wie bei einem Mineralwasser eher »still« statt »sprudelnd« verlaufen. Es wäre zu viel Gewohnheit und zu wenig Platz für Neues und Kreatives gewesen, zumindest für den Anfang dieses neuen Projektes.

Nach einer Reise möchte ich mir diese Sichtweise von außen, oftmals die Leichtigkeit und den »Coolnessfaktor«, gerne so lange wie möglich bewahren. Doch meistens gleicht die Rückkehr in den Alltag leider einem knallharten Aufprall in der Realität. Dieser Gedanke des »kaum zu glauben, vor ein paar Tagen saß ich noch hier oder dort« wird dann zwischen Waschmaschine und Geschirrspüler erstickt. Aber eines bleibt: die Erinnerung!

Also hoffe ich für dich und für mich bei unserer nächsten Reise einmal mehr, dass die Erlebnisse noch ganz lange nachwirken können und wir von ihnen zehren. Am besten für unser ganzes Leben.

Lebensreichtum: Investieren in das Glück anderer Menschen

In die nachfolgenden Generationen investieren, das ist das Stichwort für mein nächstes Kapitel. Abgesehen vom Erziehermangel haben wir auch einen eklatanten Lehrermangel in Deutschland. Ich sollte dich also dazu ermutigen, Lehrer zu werden.

Ich selbst wollte niemals in meinem Leben Lehrerin werden. So viel vorab. Mein Berufswunsch sah immer anders aus. Einerseits, weil ich in meinem familiären Umfeld einfach zu viele Lehrer um mich herum hatte, und andererseits, weil mir unsere Lehrer auf dem Gymnasium wirklich oftmals leidgetan haben, weil wir eine echte Chaotenklasse waren. Die Betonung liegt auf wir, denn auch ich habe da bereitwillig und bespaßt mitgewirkt.

In unserer Abizeitung sollten wir uns gegenseitig mit Stichpunkten charakterisieren. Ich weiß nicht, wer es damals geschrieben hat und mich ziemlich zutreffend charakterisiert hat, aber ich muss noch heute lachen, wenn ich über mich selbst lese:

- Eleganz ist gefragt, Leute
- Sozialamt für Hausaufgaben
- hat es faustdick hinter den Ohren (brav = Tarnung)

Es hieß immer, wir seien der schlimmste Jahrgang der Schule gewesen. Ob es stimmt und heute noch gelten würde, sei mehr als ein Vierteljahrhundert nach meinem Abitur einmal dahingestellt. Wir waren jedenfalls schon damals ein sehr diverser Jahrgang, so viel ist sicher.

Zum Lehrberuf gelockt hat mich weder die Aussicht auf 12 Wochen Ferien im Jahr noch die Möglichkeit, eines Tages vielleicht verbeamtet zu werden. Aber wie das Leben manchmal so spielt ... heute bin ich Yogalehrerin und dann und wann auch Dozentin. Für mich ist es aber ein grundlegender Unterschied zum klassischen Lehramt: Die jungen Menschen, die ich um mich sitzen habe, *wollen* lernen und sind hochmotiviert. Das ist ein gravierender Unterschied zum klassischen Lehramt. Ebenso sind die Menschen, die sich in ihrer Freizeit morgens, mittags oder abends in einen Yogakurs begeben, absolut freiwillig unterwegs. Sie sind dankbar und glücklich, wenn sie sich nach der Entspannung von ihrer Matte rollen und nach Hause gehen. Das gibt mir dann wiederum ein gutes Gefühl.

Dann und wann gebe ich gemeinsam mit meinem Kollegen René Seminare für angehende Journalisten in einer der wohl berühmtesten Kaderschmieden für journalistischen Nachwuchs in Deutschland. Was meinen Nebenjob als Dozentin angeht, kann ich nur sagen: Sich mit jüngeren Menschen zu umgeben und ihnen etwas beizubringen ist eine höchst inspirierende Sache. Es hält jung im Kopf, motiviert und stärkt, wenn man das Gefühl hat, das Leben geht weiter und ich kann das, was ich selbst einmal gelernt und hinterfragt habe, nun an die nachfolgenden Generationen weitergeben.

Einigermaßen erschreckend finde ich manchmal, wenn ich mich selbst sagen höre: »Wann bist du geboren?« In den 1990ern oder »schlimmer noch« nach dem Jahr 2000. »Wahnsinn, du könntest meine Tochter oder mein Sohn sein.« Ab und zu denke ich dann, mir fehlt wohl eine Dekade zwischendrin, die viel zu schnell vorbeiging, aber das ist wohl die Krux mit dem Älterwerden und damit bin ich ja in guter Gesellschaft.

Nutze also vielmehr die Inspiration, die du durch junge Menschen bekommst, positiv für dich aus. Es ist eine Investition in die Zukunft. Auch wenn ich kritische Kommentare höre, wie: »Ist denn das, was du denen da erzählst, überhaupt noch zeitgemäß? Das hat sich doch innerhalb so vieler Jahre alles komplett geändert?!« Dazu kann ich nur sagen: Es gibt Dinge, die ändern sich und anderes ändert sich eben nicht. Einiges hat Bestand über Generationen und ist durchaus für den Nachwuchs relevant. Wenn wir im »Aufsager-Schaltgespräch«-Seminar den jungen Menschen empfehlen, hellere oder farblich auffallende Kleidung zu tragen, oder den Frauen raten, sich vor dem Mikrofon im Freien draußen die ins Gesicht fallenden Haarsträhnen mit einem Haargummi zu bändigen, oder wir die Aufregung spüren und daran erinnern, bei großer Anspannung das Ausatmen nicht zu vergessen – dann sind das Dinge, die sich nicht geändert haben im Laufe der Jahre und nach wie vor Bestand haben.

Umgekehrt rostet bei meinem Kollegen und mir das Hirn nicht gänzlich ein, wenn man auf dem Laufenden bleibt und das Jugendwort des Jahres nicht nur aus den Nachrichtensendungen des Fernsehens hört. Wo oder wann sonst hätte ich mich mit »cringe« befasst? Gut, wenn du eigene Kinder hast, ist das Kraftquelle, manchmal auch Krafträuber und Ansporn genug, aber je nachdem, ob du eigenen Nachwuchs hast oder nicht und in welchem Alter er sich befindet, bist du entweder ganz nah dran an diesen Themen oder eben nicht. »Cringe« war das Jugendwort des Jahres 2021. Es beschreibt etwas Peinliches oder Unangenehmes und wird als ein Ausdruck fürs Fremdschämen benutzt. So richtig glauben konnte ich dieses Wort aber erst, als ich es aus dem Mund von einem unserer Studenten gehört habe: »Mein Ziel nach dem Seminar ist es, wie ich mich vor der Kamera präsentieren kann und mich selbst sehen kann ohne dass es völlig cringe ist«, sagte er zu uns.

Ob du nun die Jugendwörter kennst oder nicht, steht hier natürlich nicht ganz oben als besonders relevant, es nur ein winziger Teil eines großen Ganzen. Es geht mir vielmehr darum, außerhalb der eigenen vier Wände Wissen und Erfahrung zu teilen und weiterzugeben. Es ist am Ende des Tages eine Winwin-Situation für beide Seiten. Dein Kopf rostet nicht ein und du vermittelst jungen Menschen Lebenserfahrung und noch so viel mehr als das.

Mit Mitte 40 habe ich für den journalistischen Nachwuchs den einen oder anderen Tipp parat oder kann mit der nötigen Gelassenheit auf Dinge hinweisen, von denen ich genau weiß, dass ich sie vor rund 20 Jahren ebenfalls falsch gemacht habe.

Bei den Jüngeren ist bei manch einer Übung, die wir mit ihnen machen, um ihnen beizubringen, wie sie sich selbst vor der Kamera präsentieren können, die Nervosität im ganzen Raum spürbar. Alles andere wäre auch unnormal. Eine gesunde Anspannung gehört dazu, schließlich ist es ähnlich wie in einer Prüfung.

Oftmals erkenne ich mich dann selbst wieder und kann nun recht cool sagen, dass ich damals auch nicht cool war. Das eine oder andere Zitat meiner früheren Chefs im ZDF kommt mir dann wieder in den Sinn. Als ich beispielsweise tief in der Nacht die *heute*-Nachrichten moderierte, war eines der Feedbacks damals folgendes: »Frau Mainitz, sie sind so ernst und so steif. Erst wenn sie das Wetter ansagen, fangen sie an zu lächeln, werden lockerer und kommen aus sich heraus. Man merkt ihnen an, dass die Nachrichten dann gleich vorbei sind und sie froh sind, wenn sie dann endlich wieder ihren Blazer ausziehen können.«

Sie lag im Nachhinein betrachtet gar nicht so falsch, die Dame, die mich mit ihrer Einschätzung damals hart getroffen hat. Das war schon bitter, so einschlägig, dass ich es heute noch weiß, aber wer kennt das nicht? Wenn man sich nun alte Videos oder Fotos anschaut, ist das alles manchmal schon ganz schön »cringe«.

Wenn ich heute zu den Studentinnen sage, dass es mir einmal ganz genauso ging und sie ab und zu das Atmen nicht vergessen sollten, damit der Leistungsdruck abgefedert wird, und die Gelassenheit dazugehört, weiß ich, dass es so viel leichter gesagt als getan ist und noch ein langer Weg vor ihnen liegt.

Es sind so viele junge Talente unter ihnen. Ich bin mir ganz sicher, dass ich den einen oder die andere in irgendeiner Position wieder hören oder sehen werde. Das Feedback und Lob zu bekommen, »Danke, Sina, für deine Tipps. Sie haben mir echt sehr geholfen«, ist etwas Wunderschönes und Nachhaltiges.

Jedes Jahr gibt es Vorlesetage in Schulen, Kindergärten oder auch öffentlichen Bibliotheken. Die meist noch kleinen Menschen scharen sich um den Vorleser und lauschen gebannt mit ihren großen und manchmal noch müden Äuglein den Geschichten. Auch das eine hervorragende Möglichkeit, etwas Weiterzugeben, einen Mehrwert für die Gesellschaft zu leisten, andere zu erfreuen und glücklich zu machen.

Viele Menschen arbeiten bei Hilfsorganisationen, helfen bei der Eingliederung fremder Menschen in Deutschland, sind Pfleger, Betreuer, gehen mit ihnen zu Ämtern, ohne etwas dafür zu bekommen außer hoffentlich einem Lächeln. Würden sie nicht bei der Weihnachts- oder Neujahrsansprache des Bundespräsidenten Frank Walter Steinmeier oder des Bundeskanzlers Olaf Scholz erwähnt, fänden sie noch weniger Gehör und Anerkennung.

Ich möchte dich ermuntern, dein Wissen und deine Fähigkeiten weiterzugeben. Das kann ehrenamtlich und sozial engagiert sein, entgeltlich oder unentgeltlich, einfach, weil es Spaß macht und ein gutes Gefühl gibt, etwas weiterzugeben und damit andere glücklich zu machen.

Gib dein Wissen weiter an andere und bereichere sie dadurch. Investition in andere bereichert letztlich auch dein eigenes Leben.

Monaco: Von Geld und Großzügigkeit

Geld haben heißt ja noch lange nicht, Geld mit anderen teilen und etwas davon abgeben. Schon seit dem Märchen »Sterntaler« wissen wir, dass manche, die wenig haben, von ihrem wenigen noch etwas abgeben, und andere, die viel haben, es lieber für sich behalten.

Im Sommer 2022 hatte ich dazu ein denkwürdiges Erlebnis. Wir waren im Urlaub in Südfrankreich. Bei einem Tagesausflug verschlug es uns einmal gezielt nach Monaco. Ein herrliches Fleckchen Erde ist dieses kleine Fürstentum, das hoch über dem von hier oben glitzernden Mittelmeer thront und von Frankreich und Italien umgeben ist. Es wirkt etwas surreal mit all den Hochhäusern, deren Wohnungen mit den dazugehörigen Quadratmeterpreisen in schwindelerregender Höhe und dann wiederum seinen engen Straßen und Gassen.

Bekannt ist Monaco ist vielerlei Hinsicht: durch sein Fürstenhaus mit allem Drum und Dran, seinem Circus, den Autorennen, als lukratives Steuerparadies und vor allem als sicherer Garant, die Seiten der Boulevardblätter zu füllen, die ich dann gerne beim Frisör durchblättere und manchmal auch auf der Couch.

All jenen, die sich für Klatsch und Tratsch rund um die europäischen Königshäuser interessieren, dürften die Geschichten der Grimaldis auf Jahrzehnte hinaus immer wieder Freude bereiten – und so manches Mal auch Leid. Für Letzteres gab es rund um den Zwergstaat auch immer wieder Anlass – seien es nun tragische Todesfälle, Scheidungen, Krankheiten oder uneheliche Kinder, bei den Grimaldis wird es nie langweilig.

Bei unserem Kurztrip nach Monaco kam ich mir vor wie auf einem anderen Stern. In vielerlei Hinsicht. Ich musste schmunzeln, als ich die Mutter sah, die sich – perfekt gestylt und in Pose werfend – von ihrer Teenagertochter ablichten ließ, um sich dann vermutlich möglichst gewinnbringend einen reichen Mann zu angeln. In meinen Augen war es so was von offensichtlich, worauf dieses Shooting abzielte.

Dass »Geld haben« und »Geld geben« absolut nichts miteinander zu tun haben muss, stellte ich hier auch fest. So scheint es wohl die Mehrheit der Gäste im Café de Paris in Monaco zu handhaben. Ich habe mir dort einen Cappuccino und ein Törtchen gegönnt und genoss in vollen Zügen den Blick auf die Mädels, die in hochhackigen Schuhen, mit großen Sonnenbrillen und kurzen Röcken auf und ab liefen. Ebenso schmunzelte ich über die roten, gelben oder schwarzen Karossen von Ferrari, Lamborghini und Co., die ihre Runden drehten. Sehen und gesehen werden – hier ist es ganz wichtig. Ich blickte auf diese Welt und es war wie im Film. Auch wenn es weder meine Welt noch mein Film ist, zuschauen kann ich ja mal.

Am Ende des Cappuccinos, des Törtchens und der Blicke auf das schillernde, andere Universum um mich herum ging es ans Bezahlen. Deftige Preise sind an diesem Ort üblich und man nimmt sie in Kauf, weil es eben nicht die Bäckerei um die Ecke daheim ist und der Ort auch deutlich schöner. Ich bezahlte also und rundete die Rechnung großzügig auf. Denn selbstverständlich gab ich der sehr netten Kellnerin Trinkgeld. Ihre Reaktion: Sie bekam vor Staunen fast nicht den Mund zu. Was nicht etwa daran lag, dass ich zu viel Trinkgeld gegeben habe, sondern überhaupt welches gab.

Dann sagte sie mir: »Herzlichen Dank, dass Sie an uns denken. Denn an uns denkt hier fast niemand.« Wie bitte?

An solch einem Ort, wo alles, wirklich alles auf »Reich und Schön« gemünzt wird und es fast ausschließlich um Materielles geht, bekommt das Servicepersonal kein Trinkgeld. Der Champagner fließt in Strömen, die Bedienung sitzt auf dem Trockenen. Für mich ist das schade und beschämend.

Ich frage sie, warum sie kein Trinkgeld bekäme. Sie sagt mir, sie vermute, es läge auch an der Kartenzahlung. Dann würden die Leute die Summe eingeben und das wäre es dann. Dabei bliebe es. Nun gut, eine schlechte Ausrede für alle, die dem Service ein bisschen Anerkennung zeigen wollen. Wo ein Wille ist, ist auch ein Weg.

Mir kann keiner erzählen, dass es nicht Mittel gäbe, an diesem »reichen« Platz auch an diejenigen zu denken, die eben nicht mit dem Ferrari nach der Arbeit nach Hause fahren, sondern eben mit dem Bus.

Sich selbst beschenken und anderen etwas schenken macht glücklich – es kann ein Lächeln und ein Euro sein und man sollte nicht vergessen, dass bei viel Glanz und Glamour oft viel mehr Schein als Sein ist.

Superlative de Luxe: Landeanflug auf Dubai

Ein Las Vegas in der Wüste. Höher, weiter, schneller, mehr. Hedonismus vom Allerfeinsten. »The sky is the limit.« Der Himmel ist die Grenze. Hatte ich eben noch von Monaco gesprochen? Na, dann schauen wir uns mal in Dubai um. Dagegen ist Monaco tatsächlich ein Zwerg.

Es sah hier mal »wüst« aus – ein kleines Wortspiel darüber, dass hier noch Anfang der 1960er-Jahre tatsächlich Wüste war. Das Klima ist geblieben, durch den Klimawandel wird es hier im Sommer noch heißer als damals und über 50 Grad Celsius im Schatten sind hier im August keine Seltenheit. Puh!

Aber was gäbe es nicht, was es hier nicht gäbe? Dann werden die Schwimmbäder im Sommer eben gekühlt. Energie sparen?

Fehlanzeige! Energiekrise? Welche Krise? Ebenso kann man in Dubai Indoor Skifahren, wenn einem danach ist. Skilift inklusive, dicke Skikleidung kann man ausleihen und dann geht es die Piste hinab. Es gibt hier für »jedes Tierchen sein Pläsierchen«, nur eines darf man hier nicht sein. Arm!

Dubai ist eine Megacity und eines der insgesamt sieben Arabischen Emirate. In den vergangenen Jahren dynamisch gewachsen ist es ein Magnet für all diejenigen, die hier 365 Tage im Jahr Sommer und Sonne haben und ihre Träume verwirkliche möchten.

Dubai wollte ich mir einmal ansehen.

Wir befinden uns also nun im Landeanflug auf diese Megacity. Zum Glück ist es bereits Herbst und die Temperaturen sind tagsüber nur noch bei rund 35 Grad Celsius. Das reicht auch. Ich empfinde es als ausgesprochen angenehm. Nun bin aber auch ein Sonnenkind.

Flughafen Dubai – clean – sauber, ein weißes Meer aus Säulen und riesengroß. Ich halte inne: Was mache ich hier eigentlich? Fast alles, was ich in meinem Buch schreibe und lebe, wird hier ad absurdum geführt. Du kannst auch ohne viel Geld glücklich sein? Geht das hier an diesem Ort? Und wenn ja, wie? Gerade um das herauszufinden, muss ich es mir ansehen.

»Hast du was, dann bist du was«, heißt es in einem Sprichwort, hast du nichts, darfst du nicht in Dubai leben. Geld spielt hier die Hauptrolle. Wer etwas auf sich hält oder es zumindest glaubt, greift nach den Sternen und will an diese obere Stiefelspitze der Arabischen Halbinsel. *Schwimm lieber im Meer als im Geld* – in Dubai schwimmt man am besten in beidem, sonst sitzt man schnell auf dem Trockenen.

Dubai ist ein Melting Pot aus Religionen, Kulturen, Stars, Sternchen und solchen, die es werden wollen. Vielleicht das, was in den 1960er-Jahren New York war. Vieles ist hier kopiert von der westlichen Welt, aber es gibt mindestens einen fundamentalen Unterschied.

Die Menschen sind entspannt und weit weg von allen Problemen, mit denen wir in Europa und den USA derzeit tagtäglich konfrontiert sind. Es mag auch an der räumlichen Distanz liegen, aber vor allem auch an der inneren Haltung. Moslems, Christen, Hindus leben hier miteinander, es gibt keine Arbeitslosigkeit, wer ins Land kommt und nicht innerhalb von drei Monaten Arbeit findet, muss Dubai wieder verlassen.

Kriminalität? Fehlanzeige! Scharfe Gesetze und überall, wirklich überall Kameraüberwachung verhindern, dass manch einer auch nur ansatzweise auf die Idee kommt, jemanden zu bestehlen. Küssen in der Öffentlichkeit? Verboten! Zu schnell mit dem Auto unterwegs oder gar bei Rot? Tausende Dirham Strafe oder noch Schlimmeres! Mehrere Tage sein Auto nicht in der Waschstraße gewaschen? Strafe! Etwas auf den Boden fallen lassen? Strafe! Kein Wunder also, dass in Dubai alles blitzeblank ist. Die Liste an Verboten könnte ich noch endlos fortführen.

Die meisten Zugezogenen fühlen sich in Dubai offenbar frei. Frei sein kann aber auch Ansichtssache sein, wenn man mal darauf achtet, was alles verboten ist und überwacht wird. Vermutlich wird es nicht mehr hinterfragt oder man hat sich mit der Situation abgefunden. Auf meine Frage nach den Menschenrechten bekomme ich vom fließend Deutsch sprechenden Reiseführer aus Marokko während der Stadttour jedenfalls keine zufriedenstellende Antwort. Er lächelt nur und sagt: »Ich möchte meinen Job behalten!«

Mit der Antwort kann ich ausnahmsweise gut leben. In meinem Urlaub muss ich als Journalistin nicht investigativ unterwegs sein – keine konkrete Antwort und ein Ausweichen ist schließlich gut interpretierbar.

Ein schönes Erlebnis hatte ich mit einem »einheimischen« Taxifahrer, wobei einheimisch bei solch einem Gemisch aus Menschen und Kulturen relativ zu sehen ist. Als ich ins Taxi eingestiegen bin, schenkte er mir eine Flasche Wasser. Es war eine kleine Flasche und er hat mich damit sehr erfreut. Als ich mich bedankte, lachte er und sagte, dass er sich manches Mal wundere. Dann käme als Reaktion seiner Fahrgäste kein »Danke«, sondern ein »Warum geben Sie mir Wasser?«. Er sagte mir, dass ihn diese Reaktion öfter verwundere und teilweise etwas traurig stimme. Wir unterhielten uns sehr nett auf Englisch während der gesamten Fahrt. Er erzählte mir von seiner Familie und dass er Hindu sei, aber kein Vegetarier.

»You know what? Treat people with respect! In everything you do you should treat people with respect!« Man sollte Menschen respektvoll behandeln. In allem, was man tut, solle man anderen Menschen mit Respekt begegnen.

Ich finde, er hat recht, und denke darüber nach, dass so etwas in unserer westlichen, schnelllebigen Welt so oft untergeht, aus vermeintlichem Zeitmangel oder Unachtsamkeit füreinander.

Er müsste mir kein Wasser geben und er verdient bestimmt nicht die Welt. Es geht aber auch gar nicht um das Fläschchen Wasser – er schenkte mir Freude aus seinem tiefsten Herzen und ein Lächeln. Es war bestimmt eine meiner schönsten Taxifahrten.

»Mit Geld kann man sein Glück nicht kaufen, aber man kann anderen Glück schenken.«

Freddy Mercury

Szenenwechsel! Statt Taxi fährt er mehrere Luxusschlitten oder lässt sich fahren. Er besitzt einen Fuhrpark an edlen Karossen und edlen Rössern: Scheich Mohammed Bin Rashid Al Maktoum.

Ich befasse mich mit dem Herrscher über das glamouröseste aller Emirate. Dass es immer wieder Schlagzeilen über Dubais Herrscherfamilie in Sachen Menschenrechte und ihren fragwürdigen Umgang mit ihren Frauen gibt, möchte ich hier nicht verschweigen. Unabhängig davon fällt mir eines auf: bei vielen ist dieser Mann offenbar beliebt. Vom indischen Taxifahrer bis hin zur philippinischen Kellnerin oder dem europäischen Einwanderer: Alle sagen mir unisono das Gleiche. Meine Menschenkenntnis sagt mir, dass sie das nicht tun, weil sie Angst vor Repressalien haben, sondern weil sie es vermutlich auch so meinen. Warum ist der Scheich also so beliebt? Ich glaube, weil dieser Mann vielen nicht nur Wohlstand und Sicherheit (anstelle von Reichtum) bringt, sondern vor allem ein hemmungsloser Optimist, Visionär und Motivator zu sein scheint.

Abends an der Ampel sehe ich den beleuchteten Aufsteller mit seinem Konterfei und lese folgende Zitate von ihm: »The job of governments is to create the environment in which the people can achieve their happiness. Yes, the government's job is to achieve happiness.« Die Aufgabe der Regierung ist es, ein Umfeld zu schaffen, wo Menschen ihr Glück erreichen können. Ja, die Aufgabe einer Regierung ist es, Glück erreichen zu können.

Nachdenken Nummer 1: Ich würde mir wünschen, so etwas stünde auch mal auf einem Plakat mit unseren Regierungschefs, sie würden es auch so meinen und danach leben.

Des Weiteren steht dort: »The future belongs to those who can imagine it, design it and execute it. It isn't something you await, but rather create.« Die Zukunft gehört denjenigen, die sie sich vorstellen können, sie gestalten können und ausführen können. Es ist etwas, auf das du nicht wartest, sondern das du kreierst.

Nachdenken Nummer 2: Wer würde nicht gerne auf dem Weg zur Arbeit in seinem Auto so motiviert werden? Natürlich muss alles hinterfragt werden und darf man Chancengleichheit oder -ungleichheit nicht außer Acht lassen.

Zum Thema Chancengleichheit denkst du jetzt vielleicht an die Rolle der Frau in der arabischen Welt. Hier möchte ich anmerken, dass Männer und Frauen in Dubai bei gleicher Arbeit das gleiche Gehalt verdienen. Bei uns in Deutschland ist das häufig immer noch nicht der Fall. Laut des Global Gender Gap Reports 2022 des Weltwirtschaftsforums ist der Stadtstaat Vorreiter bei der Gleichstellung der Geschlechter in der Region der Vereinigten Arabischen Emirate. Das lässt sich an der Rolle der Frauen in der Wirtschaft und in der Regierung ablesen.

Motivationsplakate für Mann und Frau (Frauen können hier den Führerschein machen) hängen also an den Straßen. Was ist gegen Ansporn aus dem Auto heraus einzuwenden?

Eine Kollegin an der Börse sagte zu mir vor Jahren, sie fände es nett, wenn die Amerikaner sagten »Have a nice day« oder ein »How are you?«, »Hab einen schönen Tag« oder »wie geht es dir«, wenn man ein Geschäft betrete. Sie meinte, es sei ihr auch egal, ob sie das dann ernst meinen würden oder es eben nur eine Floskel sei. Sie fände es allemal besser als dieses Muffelige, was ihr hier manchmal entgegenkäme, wenn sie ein Geschäft betrete, oder was sie manchmal im Umgang der Menschen untereinander beobachte.

Ein Satz meines Opas, der mich seit meiner Kindheit durch mein Leben begleitet, ist: »Es kostet doch nichts, freundlich zu sein!«

In meiner Heimatstadt bemalt die Mutter meines lieben Freundes Thorsten alle möglichen Sorten und Arten von Vogeleiern mit Tusche. Die Weisheiten des Lebens stehen auf diesen kleinen oder großen Eiern. Vom Kolibri- bis hin zum Straußenei werden in altdeutscher Schrift dort der eine oder andere Reim oder schöne Sprüche verewigt. Im Jahr 1999 schenkte sie mir ein Ei, auf dem stand: »Das Lächeln, das du schenkst, kehrt stets zu dir zurück.« Danach lebe ich – meistens zumindest versuche ich es. Probiere es selbst aus und du wirst tatsächlich merken: Es kommt so viel zu dir zurück!

Trauigerweise erlebe ich im Alltag und leider eben auch in Deutschland viel zu häufig genau das Gegenteil. Nach der

Rückkehr aus einem »Sonnenscheinland« folgt die knallharte Landung und ein eiskalter Aufprall im wahrsten Sinne des Wortes. Frustration, Kälte, Ellenbogen, miesepetrige Gesichter – es wäre doch anders so viel einfacher und schöner für alle und sowohl geistig als auch körperlich weniger verspannt!

Also – »Jalla, jalla« in Richtung Nächstenliebe, Respekt und Freundlichkeit anderen gegenüber und bitte ab sofort und nicht erst ab morgen, auch wenn es manchmal schwerfällt.

Zurück nach Dubai: Die Wirkung, die positives Denken und Motivation auf andere Menschen hat, wird mir bei diesem Plakat in Dubai einmal mehr bewusst.

Hier sind Macher am Werk. Natürlich können sie das hier in diesem Umfeld auch nur, weil Geld keine Rolle spielt. Bedauerlicherweise muss es nur dann eine große Rolle spielen, wenn man es nicht hat!

In Dubai wird gebaut und gebaggert, was das Zeug hält. Ganz so, wie einst New York mit dem Empire State Building das höchste Gebäude der Welt hatte, steht es nun nicht in Shanghai oder Singapur, sondern eben hier. Das Burj Khalifa misst 828 Meter. Innen drin sind Büros, Wohnungen, verschiedene Aussichtsplattformen auf verschiedensten Stockwerken für Touristen und viele Träume in der Landeswährung Dirham.

Von dort oben sieht die Welt recht klein aus. Du kannst die untergehende Sonne sehen, dir den warmen Wind um die Nase wehen lassen und deine Blicke über die diesige Welt voller Türme, Straßen und Lichter schweifen lassen.

Vor den Toren im Meer entsteht gerade »The World«, eine (selbstverständlich) künstlich angelegte Inselgruppe, die aus der Luft aussieht wie unsere Erde. Investoren sind fleißig dabei, dort auf Insel-Shopping und Insel-Hopping-Tour zu gehen. Angeblich hat ein österreichischer Investor gerade die Insel von Deutschland gekauft.

Die Einnahmen des Scheichs sprudeln also nur so und längst ist es nicht mehr das sprudelnde Erdöl, mit dem hier das meiste Geld verdient wird. Der Tourismus ist inzwischen mit die wichtigste Einnahmequelle und sorgt für »blühende Landschaften«.

Wobei du das bitte jetzt nicht wörtlich nehmen darfst: denn genau das fehlt zumindest mir kolossal – das Grün zu den blühenden Landschaften. Zwar gibt es hier weit entfernt vor den Toren des Zentrums die »Love Lakes«, die ein bisschen an den afrikanischen Busch und Safari erinnern sollen, den »Miracle Garden« mit Blümchen aller Art, die Gegenstände verzieren und ab und zu fliegt auch mal ein rabenähnlicher Vogel am Hotel vorbei oder es stolziert ein Pfau über den gepflegten Rasen des Scheichs, aber zur Lebensqualität und Zukunft gehört eben auch, dass man das Thema Umweltschutz, Grün und Nachhaltigkeit nicht gänzlich im Smog der Millionenstadt und der sechs- bis siebenspurigen Straßen erstickt!

Der Scheich soll wohl ein offenes Ohr für alle Anliegen haben. Man könne ganz einfach bei ihm vorsprechen, erfahre ich. Vor Ort habe ich mich nicht um eine Audienz bemüht, denke scherzhaft und ironisch aber …

»… falls Sie, lieber Scheich Mohammed Bin Rahshid Al Maktoum, zufällig gerade mein Buch in den Händen halten sollten und mich, eine 1,71 Meter große Börsenreporterin aus Hessen empfangen möchten, würde ich Ihnen Vorschläge für einen Botanischen Garten machen. Ich hätte da so meine Ideen. Meine unerschütterliche Liebe zur Natur würde hier vielleicht auch ihrem Fleckchen Erde zugutekommen können.«

Was Dubai absolut fehlt, ist eine grüne Lunge mittendrin mit Pflanzen, Bäumen, Blumen und Bienchen. Ich träume hier von Bienenvölkern, Zitruspflanzen, Oliven- und Feigenbäumen, duftenden Blüten, Vogelgezwitscher, Seen und jeder Menge Artenvielfalt und nicht nur »Devisenvielfalt« – denn davon gibt es hier wahrlich schon genug.

Höchste Zeit also, zusätzlich zum Chlor für die diversen Swimmingpools in mannigfaltig Chlorophyll zu investieren. Chlorophyll ist der grüne Pflanzenfarbstoff, der in den Pflanzen drinsteckt und ihnen ihre grüne Farbe gibt. Hinzu kommt der Gewinn für saubere Luft, weil Pflanzen durch Photosynthese eben Sauerstoff produzieren. Es lohnt sich!

Das Salzwasser des Meeres wäre durch Entsalzungsanlagen ausreichend zur Bewässerung meines Vorhabens vorhanden.

Denn wenn für alles Geld da ist und rund um die wunderbare Wüste irgendwie doch noch genügend Wasser fließt, warum dann nicht auch für die Blümchen inmitten der vielen künstlichen »bays« and »beaches«, der Buchten und Strände?

Metropole ohne Moneten? Fast unmöglich. Doch die Geste des Taxifahrers und die Sternschnuppe in der Wüste haben wieder einmal gezeigt: The best things in life are free und machen glücklich.

Interview mit Sabrina: »Ich bin Fraktion Botox«

Nicht nur in Dubai sieht man die vermeintlich schönen Frauen mit Botox, Hyaluron und Silikon. Auch hierzulande hält die Schönheit mit der Spritze immer mehr Einzug.

Ich gehe aus dem Parkhaus Börse heraus und wer strahlt mich von der Litfaßsäule aus an? Dr. Makellos nenne ich ihn mal. Der Mann, der Frauen und Männern zur ganz persönlichen Schönheit verhelfen möchte. Damit sie sich besser, attraktiver und vielleicht auch glücklicher fühlen.

Ich bin inzwischen Mitte 40 und das kann auch jeder, den es interessiert, im Internet nachlesen. Keine Spritze oder Operation der Welt kann mich auch nur einen Tag jünger machen. Das ist der Lauf der Zeit und die Dinge des Lebens. Ja, ich habe trockene Haut und bekomme Stirnfältchen, um die Augen sind sie schon ausgeprägter, aber meine Devise war schon immer: »Lieber Lachfalten als Kummerspeck!« Ich habe nicht den Anspruch, makellos zu sein. Ich versuche mich gesund zu ernähren, treibe Sport, mache Yoga, habe noch nie geraucht und werde es wohl nun in der zweiten Lebenshälfte auch nicht mehr anfangen. Leidenschaftlich gerne halte ich meine Nase in die Sonne und sammele Pigmentflecken im Gesicht alias Sommersprossen. Zum Glück ist es nicht ganz so extrem wie bei Pipi Langstrumpf.

Noch nie ist es den Maskenbildnerinnen des ZDF gelungen, diese Sommersprossen vollständig verschwinden zu lassen und sie mit Make-up so zu übertünchen, dass ich eine einheitlich helle Porzellanhaut bekäme, und weißt du was: Das ist auch gar nicht nötig. Irgendwie gehören sie zu mir dazu. Ja, ich altere und an manchen Stellen wird es schrumpelig. Das ist in so einem öffentlichkeitsbezogenen Beruf, wie ich ihn habe, nicht einfach. Aber auch für alle anderen ist Altwerden nicht lustig. Wie war noch gleich der Titel von Blacky Fuchsbergers Buch? »Alt werden ist nichts für Feiglinge!« Dem würde ich jetzt schon zustimmen. Falls du Blacky Fuchsberger nicht kennen solltest, bist du glücklicherweise noch zu jung, um übers Alter nachzudenken! Das hat doch auch etwas.

Meine Haare bekommen ab und zu eine ordentliche Portion Farbe, denn ansonsten würde ich im wahrsten Sinne des Wortes aussehen wie eine graue Maus. Aber: »Ce sont les choses de la vie«, wie es so schön heißt. Das sind die Dinge des Lebens.

Weitaus schlimmer finde ich die körperlichen Zipperlein, dass ich mich gedanklich nun langsam mit den Wechseljahren auseinandersetzen muss und dem verlangsamten Stoffwechsel. Eine Praline: eine Sekunde im Mund, tagelang auf der Hüfte!

Alles nicht schön, aber diesen Kampf kann niemand gewinnen. Das wissen wir, und je älter man wird, desto mehr kann man dem ganzen Theater nur mit Gelassenheit begegnen und auf sich achten – es nützt ja nichts.

In meinem beruflichen Umfeld in Frankfurt blicke ich das eine oder andere Mal in ein »gemachtes Gesicht« oder auf bis hin zur Perfektion kugelrunde und wunderschöne Brüste. Das sieht schon teilweise gut aus. Je nach Größe der Brust muss ich das, von Frau zu Frau, neidlos anerkennen. Zu groß finde ich eher abschreckend und vor diesem Eingriff würde ich persönlich auch eher zurückschrecken. Dafür fehlt mir der Mut und dafür gehe ich zu gerne joggen. Da ist weniger mehr! Und überhaupt: Solche Investitionen in die Schönheit wären es mir in vielerlei Hinsicht nicht wert.

Anders als ich sieht das Sabrina. Sie lerne ich über eine gemeinsame Freundin kennen und ich kann sie für ein Interview gewinnen. Ich bin dankbar, dass sie so bereitwillig und cool mit mir über ihre Schönheit sprechen mag. Schon in unserem ersten Telefonat sagt sie mir nach kürzester Zeit: »Ich bin Fraktion Botox seit meinem 30. Lebensjahr!«

Inzwischen ist sie 37 Jahre alt. Unser Gespräch ist ein Video-Anruf und nun sehe ich sie zum ersten Mal. An der anderen Seite des Handys strahlt mich eine frisch aussehende, gut gelaunte Frau an, aber ich sehe, dass sie »etwas hat machen lassen«, so würde ich es mal formulieren. Ich wollte genauer wissen, was treibt Menschen dazu, sich optisch optimieren zu wollen und ihr Geld in ihre Schönheit zu investieren?

»Was hat dich dazu bewogen, dir Botox spritzen zu lassen?«

»Also Sina, gute Frage, was mich dazu bewogen hat. Das war damals die tiefe Stirnfalte, die mich gestört hat. Ich war schon immer ein Lebemensch. Ich habe überhaupt nicht das Gefühl, etwas verpasst zu haben. Ich habe auch immer viel geraucht und auch immer in Verbindung mit Alkohol. In meinem Umfeld war das gang und gäbe. Man ist auf einem Fest in Frankfurt am Opernplatz, bei irgendeinem der diversen Weinfeste ist das schon immer ein großes Thema unter den Frauen und man geht damit relativ offen um, weil es tatsächlich fast jede macht. Ich habe mich da mit 22-Jährigen in meinem Umfeld unterhalten, die schon etwas haben machen lassen. Man sagt ja, dass man Botox spritzen soll, bevor man die erste Falte hat, präventiv sozusagen, das weiß ich nicht.«

»Was sind das für Frauen, die sich Botox spritzen lassen?«

»Das ist ganz unterschiedlich. Das sind teilweise 22-jährige Kiddies aus vermögendem Elternhaus, die Langeweile haben. Oder es sind die Businessfrauen, die mitten im Leben stehen, Single sind und um ihr Äußeres bedacht sind. Ich als Großstädterin bin schon auch aufs Äußere bedacht, man guckt halt auf sich. Nach dem ersten Mal war ich erstaunt, dass man durch so einen kleinen Eingriff so eine große Wirkung haben kann. Da unterscheide ich aber schon zwischen einem Botox-Eingriff und einer Nasen-OP. Da gibt es Unterschiede, obwohl das ja irgendwie schon in einen Topf fällt.«

»Wie oft machst du das?«

»Meine Mädels machen das alle drei, vier Monate. Das ist wie eine kleine Sucht. Du kriegst Lust auf mehr, wenn du einmal angefangen hast. Meine Mädels sagen dann bei der kleinsten neu auftretenden Mimikfalte: So, die muss stillgelegt werden. Ich mache das einmal im Jahr und ehrlich gesagt mag ich das auch, wenn sich nach drei Monaten so langsam wieder etwas bewegen lässt. Wenn ich mir die Zornesfalte wegspritzen lasse, bin ich entspannter. Du merkst einfach, dass du einen viel entspannteren Gesichtsausdruck hast.«

»Was kostet so eine Spritze?«

»Es kommt immer auf die Stärke des Muskels an. Wenn du die normalen Stirnfalten hast, zahle ich pro Sitzung 180 Euro, für die Zornesfalte zahle ich dann 360 Euro.«

Ihre schönen, vollen Lippen hat sich Sabrina nicht spritzen lassen. Sie sind echt und ganz natürlich. Vor Injektionen in die Lippen habe sie Angst, sagt sie.

»Ich kenne viele Beispiele im Freundeskreis, wo die aufgespritzten Lippen dann nicht mehr schön aussehen. Denn mit jedem Mal, wo du etwas in die Lippen injizierst, wird es schlimmer, da bin ich vorsichtig.«

»Hast du keine Angst vor den Nebenwirkungen deiner Botox-Behandlungen? Als Beispiele werden da hängende Augenlider, Muskelzucken, Kopfschmerzen genannt.«

»Klar, darüber mache ich mir natürlich Gedanken. Das bleibt einem immer im Hinterkopf. Aber ich habe eine sehr gute Ärztin. Sie ist eigentlich Hirnchirurgin. Bei ihr fühle ich mich schon wohl, die weiß schon, was sie macht. Aber ja, über mögliche Lähmungserscheinungen muss man sich vorher bewusst werden. Bestes Beispiel: Mein Bruder hat sich vor Jahren die Augenbraue piercen lassen. Mit 16 Jahren wollte er das unbedingt. Es kam zu einer monatelang andauernden Gesichtslähmung. Nach dem Piercing-Termin haben wir das Piercing zwar sofort herausgemacht, aber bis sich die Nervenenden dann wieder gefunden hatten, dauerte es Monate.

Beim Botox ist das so, dass du dich darauf so sehr freust, dass du die ganzen Nebenwirkungen, die passieren können, einfach ausblendest ... aber ja, ich bin ursprünglich gelernte Krankenschwester, habe zig Sachen daraufgesetzt und arbeite nun im Gesundheitswesen im Management, ich habe schon medizinisches Know-how.«

»Kannst du erahnen, was die Beweggründe für Menschen sind, sich optisch perfektionieren zu wollen?«

»Spannende Frage. Wenn du das münzt auf die Gesellschaft, in der wir leben, sind das wohl schon tiefgehende Beweggründe. Es wird dir durch die Medien und die Debatten vorgelebt. Es ist vielleicht eine Unsicherheit, warum man das macht. Ich hatte da schon witzige Diskussion mit meinem Vater. Er fragte mich, warum machst du das? Du bist doch auch so hübsch. Aber ich persönlich fühle mich fitter und frischer. Ich habe das schon über Jahre gemacht. Ich denke schon, dass man ein paar Jahre jünger und frischer aussieht. Ich wollte aber gar nicht mehr Anfang 30 sein, nein, ich fühle mich gerade pudelwohl mit mir und mit meinem Körper.

»Mir fällt manchmal auf, dass zwar ins Gesicht investiert wird, es dann aber hals-abwärts oftmals nachlässt und figürlich nicht mehr so optimiert aussieht ...«

»Stimmt, es ist ja auch viel einfacher und schneller, sich eine Botox-Spritze geben zu lassen, als Sport zu machen. Dazu gehört Disziplin, da muss man sich aufraffen und daran scheitert es dann häufig.«

»Ich habe einmal gelernt, dass Botulinumtoxin, das sogenannte »Wurstgift«, so mit das gefährlichste Gift ist, was es gibt. Und das lasst ihr euch freiwillig spritzen?«

»Stimmt. Es ist ein hochtoxisches Nervengift. Das richtige Maß ist entscheidend. Es wird auch medizinisch eingesetzt und ist super erfolgreich bei Migränepatienten, weil es eben Nerven lahmlegen kann. Sina, ich sage dir, du läufst nach dem Eingriff aus der Praxis heraus und versuchst, grimmig zu gucken und da geht dann nichts mehr. Bei allem ist das richtige Maß entscheidend. Du darfst es nicht übertreiben. Es ist auch alles eine Kostenfrage. Manche versuchen hier zu sparen. Da gibt es bei-spielsweise inzwischen so eine Schönheits-OP-Kette, die hast du nun fünf Mal in der Stadt. Da gehen viele hin, aber sie sehen meistens zu »gemacht« und vor allem alle gleich aus. Da gibt es manchmal eine, für meinen Geschmack, etwas zu hohe Dosis. Meine Ärztin ist da sparsamer, das sieht dann natürlicher aus. Sie sagt immer: ›Wenn andere denken, dass du nichts hast machen lassen, dann ist es gut so.‹«

Nach unserem Gespräch bin ich erleichtert über Sabrinas Ehrlichkeit und gleichzeitig hinterlässt es bei mir viele Fragezeichen im Kopf. Jeder und jede soll selbst entscheiden, ob es infrage kommt, sich einem Schönheitseingriff unterziehen zu wollen. Es ist ein Trend unserer Zeit und vielleicht bin ich auch vollkommen naiv zu glauben, wenn man mit sich selbst »fein« und im Reinen ist, braucht man das doch nicht. Vielleicht bin ich auch zu ängstlich, mich freiwillig den Risiken und Nebenwirkungen dieses Eingriffs auszusetzen, und zu guter Letzt bin ich dann ver-mutlich auch an dieser Stelle zu sparsam, um in diese Spritze zu investieren.

Schönheits-OPs, ein Trend unserer Zeit – doch lohnt es sich wirklich, in die Spritze zu investieren? Wichtiger ist sicherlich, mit sich selbst im Reinen zu sein und zum eigenen Körper zu stehen, so wie er ist.

Die besten Tipps rund ums Geld und Geldanlegen

Welcher Geldanlagetyp bist du?

Nun geht es ans Eingemachte: Nachdem du so viel über »softe« Investitionen gelesen hast, die vielmehr auf Lebens- anstatt auf Berufserfahrung fußen, wird es Zeit, dass die »Börsenexpertin«, wie es auf dem Titel heißt, so langsam mit knallharten Tipps aus ihrem Berufsleben herausrückt. Ich fange mal ganz langsam an, bevor wir uns dann gemeinsam schrittweise steigern und es etwas detailreicher rund um das Thema Geld geht. Frage dich bei der Geldanlage als Erstes: Welcher Geldanlagetyp bin ich eigentlich? Genau an diesem Punkt gehen die Meinungen nämlich ziemlich auseinander.

Die meisten von uns brauchen das Geld, um täglich ihren Lebensunterhalt damit zu bestreiten und über die Runden zu kommen. Falls doch ein paar Euros mehr oder weniger übrig sein sollten, gibt es die verschiedensten Möglichkeiten, Geld anzulegen oder auszugeben. Die eine geht in die Spielbank, tauscht gerne 50 Euro in Jetons um, die andere denkt sich, lieber nur 5 Euro wechseln, so tut mir der Verlust nicht so weh. Der eine zockt gerne herum, kauft Kryptowährungen oder kontrolliert mehrmals täglich sein Depot oder den DAX-Stand, der andere hat sein (Fest-)Geld auf dem Sparbuch oder in einem Fonds-Sparplan.

Und wieder andere, gut Betuchte, freuen sich über das neue Auto, das rund 100.000 Euro gekostet hat und seinen Wert schon zigfach eingebüßt hat, wenn der neue Besitzer es vom Hof des Autohändlers fährt, oder sie lieben ihre neue Uhr, die sie sich in einer teuren Boutique »gegönnt« und monatelang darauf gewartet haben, und führen sie nun aus.

Goldbarren im Safe wie einen Schatz hüten, vielleicht noch neben dem Erbschmuck und ein paar Bündeln US-Dollar dazulegen – man weiß ja nie, was kommt, ist sicherlich bei manch einem auch eine Methode. Vorzeitig in die Rentenkasse einzahlen, damit am Ende des Lebens, von dem ja keiner weiß, wie lange es tatsächlich dauert, mehr Lebensqualität im Alter übrigbleibt, ist ebenfalls eine Variante.

Eines würde ich aber auf keinen Fall tun: Nichts tun! Denn diese Variante geht nicht auf. Die Inflation im Laufe der Jahre sorgt schon dafür, dass der Wert des Geldes schrumpft, wenn du dich so gar nicht darum kümmerst. Der imaginäre Warenkorb wird dann immer kleiner.

Egal, wie du tickst: Ich rate dir vor allem eines – und das ist der Tipp aller Finanzfüchse: Nicht alle Eier in einen Korb legen! Das soll heißen: egal, ob du mutig oder risikoscheu bist, setze nicht alles auf eine Karte, damit du am Ende nicht leer dastehst.

Hast du Schulden? Dann werde sie los! Falls genau das gerade der Fall sein sollte, hat eines auf jeden Fall oberste Priorität: Tilge zunächst einmal zuallererst deine Schulden. Denn die Sollzinsen sind bei den Banken immer deutlich höher als die Habenzinsen. Das hat den einen banalen Grund: Geldhäuser sind keine Wohltätigkeitsvereine, sondern Unternehmen, die Geld verdienen wollen. Das haben sie aber in Zeiten von Niedrigzinsen jahrelang deutlich zu wenig getan, deshalb hinken sie etwas hinterher. Und das ist noch gelinde ausgedrückt. Denn der enorme Kostendruck der Banken hält an und mit jedem Euro, mit dem dein Konto im Minus ist, verdient die Bank ein bisschen mit.

Wohin soll dein Geld nun fließen? Wenn du investieren möchtest und dich fragst, worin du eigentlich investieren sollst, überlege gut, wie lang- oder kurzfristig du investieren möchtest. Das ist die alles entscheidende Frage. Denn danach entscheidet sich, wie hoch der Zins sein kann. Brauchst du das Geld demnächst, weil eine größere Anschaffung ansteht, oder kann es ruhig ein paar Jahre im Depot liegen bleiben – aus den Augen, aus dem Sinn sozusagen? Auch hierzu ein schönes Zitat:

> *»Eine Aktie, die man nicht zehn Jahre zu halten bereit ist, darf man auch nicht zehn Minuten besitzen.«*
>
> Warren Buffett

Welcher Geldanlagetyp bist du? Langfristig, kurzfristig, risikoscheu oder -affin? Streue deine Geldanlagen breit. So kannst du eventuell Verlustrisiken minimieren.

Investieren in Gold

In Dubai gibt es viel Gold, was glänzt, und auch in der Mode spielt es immer eine Rolle. Sei es nun in Form von Stoff, Schuhen, Handtaschen oder als sonstiges Accessoire, als Schmuck, echt oder unecht, vollkommen egal.

Die Faszination für das glänzende Edelmetall ist fast so alt wie die Menschheit selbst. Eine Art »Goldgräberstimmung« oder die Gier nach Gold beherrschen bis zum heutigen Tag Teile dieser Welt. Hobby-Goldsucher, professionelle Minenarbeiter, die Goldnuggets ans Tageslicht bringen, Schurken, die in Winnetou-Filmen nach Gold jagen, zu Gold kann einem vieles einfallen.

»Man sollte immer ein bisschen Gold im Depot haben!« Das ist ein Rat von Volkswirten, der wirklich immer gesagt wird und zeitlich unabhängig ist.

Gold gilt als Krisenwährung – und immer als »sicherer Hafen«, wie es so schön heißt. Es ist haptisch, man kann es anfassen und es ist ein Wert, mit dem jeder etwas anfangen kann. Ein Goldbarren ist leicht zu verstehen, im Gegensatz zu Kryptowährungen zum Beispiel.

Mit dem Jahr 2022 hat der Goldpreis ein wahrlich glänzendes Jahr hinter sich gelassen. Eine rund zweistellige Inflationsrate in Deutschland und der Ukrainekrieg haben den Goldpreis in die Höhe schießen lassen. Auch das Jahr 2023 ist mit einem hohen Goldpreis gestartet. Eine Feinunze (Gewicht etwa 31,1 Gramm Feingold) kostet fast 2.000 US-Dollar. Wenn du diese Zeilen liest, kann der Wert schon wieder ein ganz anderer sein.

Wie alle Werte an der Börse schwankt der Goldpreis so wie die äußeren Umstände um ihm herum. Der Goldpreis ist unter anderem abhängig von der politischen Lage, aber auch von der Zinspolitik der einzelnen Notenbanken. Gold reagiert sehr sensibel auf steigende Leitzinsen. Steigende Zinsen sind im Allgemeinen Gift für all jene Geldanlagen, die keine Zinsen abwerfen. Denn anders als zinstragende Anlagen, wie zum Beispiel Anleihen, also Finanzierungsmittel für Unternehmen oder Staaten, werden sie dann deutlich unattraktiver.

Auch hängt der Goldpreis oft mit der Entwicklung der Weltwährung, des US-Dollars, zusammen. Fällt der Dollar, werden die außerhalb der USA gehandelten Rohstoffe günstiger.

Ich gebe dir den Tipp: Falls du bereits Gold im Depot haben solltest oder dir überlegst, welches zu kaufen, behalte es und verkaufe es nicht! Verkaufe es nur dann, wenn du unbedingt das Geld brauchst und neu investieren möchtest, aber lass es ansonsten liegen. Es wird nicht schlecht und hat sich in Krisenzeiten noch stets bewährt.

Wichtig: Wenn du vorhast, dir Gold zu kaufen, informiere dich bei verschiedenen Goldhändlern und vor allem auch darüber, wo du es nach dem Kauf sicher aufbewahren kannst.

»Aufbewahren« kann natürlich auch heißen, das Metall an den Ohren, am Hals, der Hand oder dem Handgelenk zu tragen. Ich meine damit Investitionen in Goldschmuck.

Dieses Investment macht Spaß, du hast es immer dabei und erfreust dich daran. Doch Vorsicht: Pass gut darauf auf und lass es bei Reisen lieber zu Hause. Und eines ist auch noch wichtig zu wissen, wenn du Goldschmuck kaufst: Es kommt häufig auf die Schmuckmarke und damit auf den eventuellen Wiederverkaufswert eines Objektes an.

Es gilt die Faustregel: Wenn du aus dem Geschäft herausgehst, ist dein Schmuck nur noch halb so viel wert. Das bezieht sich auf den reinen Materialwert, nicht auf das jeweilige Design. Deshalb empfiehlt es sich bei Schmuck auch, das eine oder andere Mal ein Auge auf Vintage-Goldschmuck zu werfen.

Egal wie du in Gold investierst – ob in einen Goldbarren, in eine Feinunze oder einen Fingerring. Habe Spaß und erfreue dich daran!

Investieren in Grün – im doppelten Sinn

Dass mir das Herz aufgeht, wenn ich in der Natur bin und unter einem Blätterdach spaziere oder jogge, dürfte dir inzwischen klar sein.

Mit manchem Grün kannst du übrigens auch reich werden, zum Beispiel mit grünen Geldanlagen. Um Grünes kommen wir nicht mehr drum herum, auch die Finanzmärkte können sich dem Thema Grün schon längst nicht mehr entziehen.

Ein Trend unserer Zeit ist es längst, Geld nachhaltig, sinnvoll, ethisch und moralisch vertretbar anzulegen und nicht nur rein nach dem Motto: Gewinnmaximierung. Deutschland soll bis zum Jahr 2045 klimaneutral werden. Auch immer mehr Anleger möchten »Gewinn« mit »Gewissen« vereinbaren können und ihr Geld am liebsten nachhaltig anlegen. Besonders Frauen haben hier ein Auge darauf. Da dieses Thema aber immer noch ein klein wenig in den Kinderschuhen steckt, ist es gar nicht so einfach, hier das Passende zu finden.

Wie kannst du also nachhaltige Geldanlagen erkennen und wo liegen die Tücken?

Ging es in früheren Jahrgängen der Betriebswirtschaftslehre hauptsächlich um den ROI (Return on Investment), also den Punkt, ab wann sich eine Investition im Verhältnis zum eingesetzten Kapital wirtschaftlich gelohnt hat, geht es heute um viel mehr als das.

Zwar lebt der heutige Investor und CEO auch nicht nur von »Luft, Liebe und Gutmenschsein«, aber langfristig gesehen werden nur die Investitionen lohnend und renditebringend sein, die sich an Gewinn, Gewissen und bestimmten Werten orientieren. Auch wenn nur »Gutes« dransteht, aber nicht wahrlich drinsteckt (wenn ein Fonds also vermeintlich als grün ausgezeichnet ist), fällt es in Zeiten von Transparenz und Internetrecherche sofort auf. Die heutigen Unternehmensführer orientieren sich an den sogenannten ESG-Regeln. Unter ESG versteht man die Berücksichtigung von Kriterien aus den Bereichen Umwelt (Environmental), Soziales (Social) und verantwortungsvolle Unternehmensführung (Governance). Nur Unternehmen, die alle drei Aspekte berücksichtigen, werden langfristig gesehen erfolgreich im globalen Wettbewerb sein.

- *Environment:* In Sachen Umwelt spielen Strategien zum Klimaschutz, der sparsame Umgang mit Ressourcen und der Fokus auf erneuerbare Energien eine wichtige Rolle. Des Weiteren muss das Unternehmen darauf achten, Luft- und Abwasserverschmutzung so gering wie möglich zu halten und am besten klimaneutral (also mit null CO_2-Emissionen) zu produzieren.

- *Social:* Die Arbeitsbedingungen müssen gerecht sein, unabhängig von Geschlecht, sexueller Neigung, Religion und Herkunft. Die Menschenrechte müssen geachtet werden. Bestenfalls sollen den Arbeitnehmern Weiterbildung und Maßnahmen zur Gesundheit ermöglicht werden. Das Sportstudio im Unternehmen hält immer mehr Einzug, ebenso der Bienenstock auf dem Dach. Von veganem Essen und mehreren Sorten Pflanzenmilch in der Kantine mal ganz abgesehen.

- *Governance:* Transparenz und Unabhängigkeit versus Vetternwirtschaft! Bei der Unternehmensführung sollen unabhängige Aufsichtsgremien sicherstellen, dass Korruption oder Verhalten, was den Wettbewerb verhindert oder gegen Kartellrechte verstößt, von vornherein ausgeschlossen werden. Hinzu kommt, dass inzwischen eine Vielzahl von Unternehmen die erfolgsorientierte Vergütung der Vorstände danach orientieren, ob sie die Firma auch tatsächlich in Richtung Nachhaltigkeit ausrichten.

Nun ist es so, dass man auch hier stark auf Mogelpackungen achten muss. Leider wurden grüne Geldanlagen in der Vergangenheit gleich zweimal erschüttert. Zum einen durch den Begriff des »Greenwashings«, was so viel heißen soll wie: Nicht in allem, wo grün darauf steht, ist grün auch tatsächlich drin. Zum anderen durch die ausbleibende Rendite grüner und nachhaltiger

Geldanlagen. Aufgrund des Ukrainekrieges haben wir hier fast eine Rolle rückwärts erlebt. Aber langsam geht es hier glücklicherweise wieder in die richtige Richtung.

Greenwashing ist nichts anderes als Etikettenschwindel. Wegen immer wiederkehrender Greenwashing-Vorwürfe bleibt so manche Bank und deren Tochter im Visier der Ermittler. Wenn das Produktangebot grüner dargestellt wird, als es in Wirklichkeit ist, ruft das schnell die Justiz auf den Plan. So wurden teilweise vermeintlich nachhaltige Finanzprodukte mit dem ESG-Label geschmückt, obwohl sie in Wahrheit erhebliche Defizite in puncto »grün und fair« aufgewiesen haben.

Manchmal werben Fonds mit der Geldanlage in nachhaltige Unternehmen und wenn man dann hinter die Fassade (beziehungsweise ins Kleingedruckte) schaut, wird in die Luftfahrt, Öl oder Kohle investiert. Diese Bereiche kann man nicht als grün bezeichnen, aber dieser Etikettenschwindel trifft tatsächlich viele Anleger.

Mehr als 4 Milliarden Euro haben Anleger laut Umweltbundesamt im Jahr 2021 in nachhaltige Fonds investiert. Der Wille ist da, die Transparenz oftmals weniger. Viele möchten sich selbst als besonders nachhaltig darstellen. Und wenn dem nicht so ist, hat das bisher kaum ersthafte Konsequenzen für die Anbieter. Ärgerlich wird es für sie erst dann, wenn sie wissentlich Anleger täuschen. So passiert bei einer Tochter von Deutschlands größter Bank. Dann wird es ein Fall für den Staatsanwalt.

Kurioserweise gelten auch Fonds als nachhaltig, in denen Unternehmen aus der Atom- oder Erdgasbranche vertreten sind. Es sind fast die Hälfte aller nachhaltigen Fondsanbieter.

Die EU-Kommission hat im Jahr 2021 eine Offenlegungsverordnung erlassen, mit der Fonds aufgrund ihrer Nachhaltigkeit klassifiziert werden können. Wie beim deutschen Bier gibt es also auch hier eine Art »Reinheitsgebot«. Anlegern soll damit die Auswahl am Aktienmarkt nach nachhaltigen Fonds erleichtert werden.

In Artikel 6 der EU-Verordnung sind zunächst einmal Fonds enthalten, die keine Nachhaltigkeitsziele anstreben. Noch machen diese Fonds die Mehrheit der verfügbaren Produkte aus.

In Artikel 8 sind die sogenannten »hellgrünen« Fonds enthalten. Diese berücksichtigen sowohl ökologische als auch soziale Aspekte bei der Auswahl ihrer Produkte. Sie machen derzeit etwa 20 Prozent aus.

Bei Artikel 9 wird es dann richtig grün – in reinster Form sozusagen. Diese Fonds werden als »dunkelgrün« bezeichnet. Sie verfolgen ein nachhaltiges Anlageziel. Nur knapp 4 Prozent der am Markt verfügbaren Produkte qualifizieren sich durch Artikel 9. Damit erfüllen sie unter anderem auch die Sustainable Development Goals (SDGs, also die nachhaltigen Entwicklungsziele der VN) der Vereinten Nationen und stellen transparent die Nachhaltigkeitswirkung auf.

Das Problem für dich als Verbraucher: Wie erkennst du, was wirklich nachhaltig ist, und mit welchen Anlagen mache ich die Welt tatsächlich ein kleines bisschen besser?

Nach den ESG-Kriterien vorzugehen ist schon ein guter Anfang. Vor allem kommst du nicht drum herum, dich ausreichend und am besten über eine unabhängige Stelle wie die Verbraucherzentrale oder die Stiftung Warentest zu informieren. Bei deinem Bankberater um die Ecke geht das natürlich auch, aber du solltest wissen, dass auch er letztendlich im Interesse seines Unternehmens handelt, wenn er dich berät.

Im Bereich nachhaltige Geldanlagen ist es durchaus schwer, aus ihnen restlos schlau zu werden, das gebe ich zu. Es gibt noch kein Gütesiegel, welches einen Leitfaden darstellen könnte. Es gibt dazu auch noch zu viele verschiedene Definitionen und sie bringen leider wenig Licht ins Dunkel – beziehungsweise ins Grün.

Welche Anlagen die richtigen für dich sind, findest du in diesem Falle eher heraus, wenn du bestimmte Dinge von vornherein ausschließt.

No-Gos könnten zum Beispiel sein, dass das Unternehmen Waffen produziert, in fossile Energien investiert und auch Kinder- oder Zwangsarbeit unterstützt. Damit fallen viele Unternehmen schon einmal heraus aus der Auswahl. Wenn du nun weißt, was du *nicht* willst, musst du noch wissen, was du *willst*. Investierst du demnächst vielleicht in erneuerbare Energien und soziale Projekte oder Dienstleistungen?

Ein Vorteil ist, dass rund um das Thema Geldanlage seit Mitte des Jahres 2022 auch zum Thema Nachhaltigkeit beraten werden muss. Das ist gesetzlich geregelt. Es kostet ein bisschen mehr Zeit und Geld, wenn du dich beraten lässt, aber es hilft dir auch, dich im Dschungel der grünen Geldanlagen besser zurechtzufinden.

Je breiter gestreut deine grünen Fonds sind, umso besser lassen sich Verluste und Schwankungen ausgleichen. Denk daran, auch wenn es mit der langfristigen Geldanlage mal nicht so gut laufen sollte, Verluste werden erst dann realisiert und spürbar, wenn du verkaufst!

> Tipp: Achte bei grünen Investmentfonds darauf, welche Firmen tatsächlich dahinterstecken und wie nachhaltig sie sind.

Investieren in ETFs

Du möchtest Geld zum Geburtstag oder zu Weihnachten verschenken? Klar kannst du das machen, das geht immer und du schenkst bestimmt auch Freude im Umschlag. Aber warum nicht auch mal etwas Kreativität in die Sache bringen und einen ETF-Sparplan verschenken? Das ist zwar vielleicht ungewöhnlich und klingt im ersten Moment »unsexy«, es kann aber durchaus effektiv sein. Denn während das Geldgeschenk irgendwann vermutlich ausgegeben ist, kann es sich bei einem ETF-Sparplan vermehren.

Ob verschenken oder sich selbst beschenken – probiere es einmal aus. ETFs sind ein lohnendes Investment.

Was ist eigentlich ein ETF? Das Kürzel steht für Exchange Traded Fund und ist ein börsengehandelter Indexfonds, der die Wertentwicklung eines Indexes, wie beispielsweise des DAX (Deutscher Aktienindex, enthält 40 Unternehmen), abbildet. Der Index zeigt tagtäglich, welchen Kurswert diese 40 größten und börsennotierten Unternehmen in Deutschland haben. Wichtig zu wissen: Der tatsächliche Wert kann höher oder niedriger sein.

Eine Börsenweisheit, die ich am Anfang meiner dortigen Zeit gelernt habe: »An der Börse wird die Zukunft gehandelt!« Nicht nur die aktuelle Welt spielt für die Kauf- oder Verkaufsentscheidungen der Börsianer eine Rolle, sondern vor allem das, was sie wirtschaftlich (und nicht selten auch politisch) zukünftig erwarten. So eben auch, in welche Firmen und in welche Fonds sie investieren.

Was ist nun ein solcher Fonds? Einfacher gesagt stellst du ihn dir wie einen Topf oder einen Klingelbeutel in der Kirche vor, in den viele Menschen einzahlen. Dieses Gemeinschaftsgeld wird dann in verschiedene Wertpapiere investiert. Der wohl bekannteste ETF weltweit ist der MSCI World. Es ist ein globaler Aktienindex, der die Kursentwicklung von rund 1.600 verschiedenen Aktien aus 23 Industrieländern abbildet. Meistens beziehen sich ETFs also auf breit gestreutes Feld, das die Aktien vieler Firmen aus den verschiedensten Wirtschaftszweigen beinhaltet.

Wenn du Geld für ein langfristiges Ziel anlegen möchtest, käme ein ETF-Sparplan für dich infrage. Mit ihm kannst du Geld einfach und kostengünstig sparen – sinnvoller, als es aufs Sparbuch zu legen. Auch wenn sie gerade steigen, dort gibt es immer noch kaum Zinsen. Wenn du einen bestimmten Betrag an Geld für rund 5 bis 15 Jahre entbehren kannst, ist eine Anlage in ETFs durchaus sinnvoll. Schon zehn Euro monatlich können ein Anfang sein.

Nun musst du wissen, dass die breite Streuung eines Fonds immer das Risiko minimiert, viel Geld zu verlieren, weil der Fonds auf mehreren Standbeinen steht. Langfristig gesehen sind Aktienkurse auf Gewinn, Kurssteigerungen und Wachstum angelegt – deshalb ist die Investition sinnvoll, wenn sie länger läuft.

Für ETFs spricht, dass mehr als eintausend von ihnen kostenfrei zu bekommen sind – und das bei relativ geringen Gebühren. Dein Geld ist im Falle einer Unternehmenspleite einer Aktiengesellschaft weitestgehend geschützt. Welche Firmen in einem Fonds drinstecken, ist meist einsehbar und transparent.

ETFs schwanken im Wert um bis zu 50 Prozent. Sie verfolgen nicht zwangsläufig eine präzise Anlagestrategie. Ein Jackpot-Gewinn wie im Lotto – sprich überdurchschnittliche Gewinne – sind hier eher unwahrscheinlich. Die Wertsteigerung des ETFs ist stark abhängig von den im Fonds enthaltenen Aktientiteln. Wenn du einen ETF kaufen möchtest, überlege dir, wie lange du das Geld anlegen möchtest und wie risikofreudig du bist. Dann vergleichst du die Kosten für den ETF, an welchem Ort er gehandelt wird und wie genau er aufgebaut ist.

Jetzt bist du fast startklar und kannst ein Wertpapierdepot bei einer Bank eröffnen. Am günstigsten investierst du in einen ETF, indem du ihn bei Direktbanken oder einem Onlinebroker erwirbst.

Investieren in Kryptowährungen

Für viele im wahrsten Sinne des Wortes noch kryptisch – Kryptowährungen. Hast du dir vielleicht auch schon einmal die Frage gestellt, ob du in Kryptowährungen investieren solltest? Der milliardenschwere Wirtschaftsboss und altbekannte Börsenguru Warren Buffett hat hierzu eine klare Haltung: »Investiere nur in Dinge, die du auch verstehst.«

Es gibt weltweit 10.000 verschiedene Kryptowährungen. Ich muss weit ausholen, um Bitcoin, Ethereum und Co. verständlich zu machen, und wahrscheinlich sind sie für die meisten tatsächlich noch »böhmische Dörfer«, also weitestgehend unbekannt und ziemlich kompliziert. Du bist in bester Gesellschaft, wenn du bei diesem Thema nicht gänzlich durchsteigst. Zugegeben: Es ist auch ein bisschen komplizierter.

Die Lehre der Kryptologie befasst sich mit der Verschlüsselung und Entschlüsselung von Informationen. Genau darauf beruhen auch die Kryptowährungen. Eines jedenfalls haben sie alle gemeinsam: Sie sind höchst spekulativ und nichts für schwache Nerven!

Versuche einmal, mit Bitcoins auf dem Wochenmarkt zu bezahlen – Fehlanzeige! Aber der eine oder andere Verkäufer im Internet bietet die Möglichkeit, mit Bitcoins zu bezahlen. Aber was ist das eigentlich genau? Bitcoins sind eine rein virtuelle Währung ohne Münzen oder Scheine. Sie wurden digital programmiert und ebenso wie der Euro oder der Dollar ist auch ihre Anzahl begrenzt. Nur 21 Millionen werden jemals »abgebaut«.

Bei Kryptowährungen sind hohe Schwankungen an der Tagesordnung. Es kann sein, dass man an einem Tag 5.000 Euro in Bitcoins investiert. Der Kurs dann auf einen Schlag von den einst investierten 5.000 auf 500 fällt und am nächsten Tag auf 6.000 ansteigt. Dieses Hin und Her musst du ertragen können, so viel ist sicher. Wenn du ein Finanzfuchs und bisweilen auch Zocker bist, kannst du damit sehr schnell reich werden, aber auch schlagartig alles verlieren. Kryptowährungen sind stark abhängig von der aktuellen Nachrichtenlage. Twitterte Elon Musk zum Beispiel, dass Tesla Bitcoins für den Autokauf akzeptieren will, ist der Bitcoin-Kurs rasant nach oben geschnellt. Glücklich derjenige, der dann rechtzeitig ausgestiegen ist und die Gewinne mitgenommen hat. Denn als das Ganze dann wieder zurückgenommen wurde, fiel der Bitcoin wieder ins Bodenlose. So schnell kannst du gar nicht gucken, wie es hier auf und ab geht.

Du solltest dein Geld nur dann in Kryptos stecken, wenn du es nicht direkt brauchst. Ein bisschen »Zockermentalität« gehört dazu und wenn du Spielgeld übrig haben solltest und es in Bitcoin und Co. investieren willst, bitte. Als Anlage für die Altersvorsorge solltest du davon aber die Finger lassen. Maximal sollten rund 5 Prozent Kryptos im gesamten Depot sein.

Wie passe ich eigentlich auf meine Bitcoins auf, wirst du jetzt vielleicht denken? Da gibt es verschiedene Möglichkeiten. Zunächst einmal gibt es im Internet Kryptoverwahrdieste, die von einigen Banken angeboten werden.

Eine andere Möglichkeit sind Kryptobörsen. Du kannst sie virtuell über deine Apps erreichen. Auch sie kümmern sich dann um deine Coins. Die Frage ist nur: Wie vertrauenswürdig sind sie? Experten sind sich hier einig: Die Kryptobörsen, denen du vertrauen kannst, sind diejenigen, die von der Finanzaufsicht reguliert werden, also diejenigen, die eine BaFin-Lizenz haben. Das ist die schriftliche Erlaubnis der Bundesanstalt für Finanzdienstleistungen und gilt für viele Bankgeschäfte und Finanzdienstleistungen.

Für Verbraucher dürfen sie Kryptos halten und verkaufen. Der Vorteil davon ist, dass du Ansprechpartner hast, an die du dich wenden kannst, falls es technische Probleme geben sollte. Eine

Garantie, wie zum Beispiel eine gesetzlich Einlagensicherung oder Ähnliches gibt es hier nicht. Hier gibt es keinerlei Sicherheiten.

Do it yourself? Das geht auch. Du kannst dich natürlich auch selbst um deine Kryptos kümmern und kommst ohne Bank oder Kryptobörse aus. In deiner Wallet, also deinem Portemonnaie, kannst du sie sicher parken. Doch hier musst du sehr genau aufpassen: Die Zugangsdaten zu deiner Wallet, also zu deinem virtuellen Geldbeutel, musst du hüten wie einen Schatz. Es gibt keine Hotline, die rund um die Uhr erreichbar ist, und auch keinen Kundendienst, der dir mal eben dein Passwort zurücksetzen kann. 20 Prozent aller Bitcoins gelten als verloren, weil die Besitzer schlichtweg nicht mehr an die nötigen Zugangsdaten kommen. Da gibt es kuriose Geschichten von Menschen, die Schrottplätze durchsucht haben, um an verlorene Daten zu kommen. Oder den Bitcoin-Millionär aus Wales, der seine Festplatte mit Bitcoins weggeworfen hat. Sie sind heute Hunderte Millionen Euro wert. Auch in den USA kam es vor, dass ein Bitcoin-Millionär vergeblich seine Passwörter gesucht hat – auch sein Geld ist futsch.

Natürlich gibt es immer wieder Menschen, die mit höchst spekulativen Anlagen reich werden. Doch eine Garantie hierfür gibt es nicht. Wer in Krypto investiert, braucht Nerven wie Drahtseile.

Ob ich selbst in Bitcoin investiere? Nein. Ich bin ein bodenständiger, erdverbundener Stier der Marke »Der Spatz in der Hand ist mir lieber als die Taube auf dem Dach«. Wenn ich die Wahl habe zwischen der klassischen Aktie von einem der 40 DAX-notierten Unternehmen oder Bitcoins, ist für mich der Fall klar. Es gewinnt die Aktie, die ich dann am besten lange liegen lasse und nicht mehr an sie denke, bis ihr Wert mich hoffentlich irgendwann positiv überrascht.

Wer in Krypto investiert, braucht Nerven wie Drahtseile!

Spare Geld, indem du antizyklisch kaufst

Warst du schon einmal im tiefsten Winter auf Mallorca? Nein? Ich auch nicht, aber ich bin gerade dabei, es einmal auszuprobieren. Es ist der zweite Januar. Normalerweise werde ich jetzt fast immer krank. Von wegen neues Jahr, neue Power und Erholung oder Entschleunigen über Weihnachten und Silvester. Statt Entschleunigen ist eher noch weiter Beschleunigen angesagt. In meiner Familie ist das mit den Geburtstagen wirklich nicht gut getimt. Rund um das Wiegenfest von Jesus Christus liegen in meinem engsten Umfeld noch einige Geburtstage zwischen Weihnachten und Silvester. Das führt dann bei mir meistens dazu, dass ich statt Weihnachtskarpfen zu essen, na sagen wir mal, eher »platt wie eine Scholle« krank im Bett liegend das neue Jahr beginne. Der Akku ist alles andere als aufgeladen und so geht mir meistens Anfang des neuen Jahres die Power aus.

Wenn sich viele in den Winterurlaub begeben und den Schnee genießen möchten, startet bei mir mit dem neuen Jahr bereits psychologisch der Frühling. Selbst wenn die kalte Wintersonne scheint, muss dann der Weihnachtsbaum rasch weichen, der Adventskranz ist bereits entsorgt und die Tanne wird dann schnellstmöglich durch frische Tulpen ersetzt.

Im Herzen ist es bei mir schon fast Frühling, wenn die Vögel zwitschern und die Tage auch nur eine Minute länger sind als am dunkelsten Tag des Jahres, dem 21. Dezember. Ich mag da ja selbst »einen Vogel haben«, wie es so schön heißt, aber ich halte mich im Winter einfach an jedem Strohhalm fest, der mir den Zustand von »Es geht aufwärts« vermitteln kann.

Am besten vermittelt dieses Gefühl natürlich das Licht. Und deshalb begebe ich mich Richtung Süden, wo es jetzt heller ist als bei uns.

Eigentlich müsste ich nun – saisonbedingt – mit Husten, Schnupfen, Fieber im Bett liegen, auf wundersame Weise war das dieses Mal schon einige Wochen vorher der Fall. Gesundheitlicher Totalausfall, ein Virengemisch hat mich in die Knie gezwungen. Eine eitrige Mittelohrentzündung gab mir den Rest. Der Akku ist immer noch leer, aber das Aufladen kommt ...

Mein Weg führt mich nun auf die Lieblingsinsel der Deutschen. Zu einer Zeit, in der sich etwas weniger Menschen als sonst nach »Malle« begeben.

Mal abgesehen vom ausgebuchten Flieger ist Anfang Januar vielleicht eine ungewöhnliche Zeit für die Baleareninsel. Es ist nur mäßig warm, im Meer schwimmt man höchstens mit der großen Zehe, weil das Mittelmeer noch winterkalt ist. Doch bevor alle deutschen Touristen spätestens ab Februar hier einfallen, um die in jeder Zeitschrift und in jedem Reisebüro angepriesene rosa Mandelblüte zu bestaunen, bin ich wieder weg.

Vorher genieße ich ein paar Tage den vorgezogenen Frühling. Wie sagt der Mann auf dem Sitz neben mir zu seiner Frau gerade eben: »Schau mal, Schatz, wir sind nur zwei Flugstunden von zu Hause weg und es ist eine völlig andere Welt da draußen!« Wohl wahr.

Die Sonne lacht, die Insel ist satt grün, es riecht schon nach Frühling, aber eben noch morgens mit Tautropfen auf dem Gras und der leichten Kühle. Sie vermittelt eine ganz andere Atmosphäre als in der Hochsaison. Auch sind es andere Typen von Menschen, die jetzt auf die Insel kommen.

So empfinde ich es als besonders entspannt, dass dieses Mal offenbar kein Junggesellenabschied bereits am Frankfurter Flughafen startet. Das Ziel »Ballermann« mit allem, was für manchen dazugehört, scheint im Winter wenig beliebt zu sein – oder noch geschlossen. Im Sommer passiert es schon mal, dass leicht angeheiterte Männlein oder Weiblein mit zehn gleichen T-Shirts und fragwürdiger Aufschrift lautstark im Flieger in den Reihen vor oder hinter einem sitzen. Jetzt scheinen diese Grüppchen Winterschlaf zu halten.

Mit mir im Flieger sitzt Joachim Llambi, der deutsch-spanische Tanzsportlehrer, der einst Börsenmakler war, bevor er durch eine Fernseh-Tanzshow weit größere Berühmtheit erlangt hat. Wir kennen uns vom Sehen noch aus der Frankfurter Börse. Ihm ist der Sprung weg vom Frankfurter Börsenparkett gelungen und er zeigt, dass Tanzen keine »brotlose Kunst« sein muss. Gerne hätte ich ihn kurz zum Kapitel »Tanzen« interviewt, aber er schien mir zu privat unterwegs zu sein, als dass ich ihn damit stören wollte. Urlaub ist Urlaub.

Anders als gedacht, bin ich dann auf der Insel doch nicht so ganz allein wie angenommen. Auch jetzt lassen es sich hier viele Touristen gut gehen, doch bevor die Preise in der Hauptsaison wieder ordentlich in die Höhe schießen, was in diesen inflationären Zeiten wirklich niemand braucht. Ich bin azyklisch verreist und habe so direkt den nächsten Tipp für dich. Spare Geld, indem du Dinge dann kaufst, wenn andere es gerade nicht tun! Wer braucht schon im Mai eine dicke Winterjacke? Mal abgesehen von den Eisheiligen, die im Zuge des Klimawandels immer öfter ausfallen und eher meiner Kindheit als der Gegenwart angehören, trägst du im vermeintlichen Wonnemonat eher Weste und T-Shirt statt Wolljacke. Wenn du dich jetzt aber schon gedanklich damit auseinandersetzt, dass der nächste Winter so sicher wieder kommen wird wie das Christkind, bestelle jetzt deine dicke Jacke. Sie wird wegen der geringen Nachfrage im Frühling um ein Vielfaches günstiger sein als dann, wenn der erste Frost angekündigt wird. Umgekehrt schiele ich schon nach Sandalen, wenn eigentlich eher die Stiefelzeit kalendarisch angesagt ist. Die Füße beziehungsweise die Zehen sind dann zwar noch im Winterschlaf und der Lack ist buchstäblich ab, aber in ein paar Monaten strahlen sie dann frisch pedikürt in offenen Schuhen. Der frühe Vogel fängt den Wurm. Meistens bin ich auf den letzten Drücker unterwegs, was mein Umfeld öfter nervös macht, aber wenn es um solche Dinge geht, schaue ich häufig antizyklisch nach Schnäppchen. Das ist erfolgreicher und für den Geldbeutel entspannter, als auf den vermeintlichen »Sale« zu warten.

Der Ausverkauf verleitet nämlich häufig dazu, dass du Dinge kaufst, die du eigentlich gar nicht brauchst, nur weil sie preislich nun gerade deutlich reduziert sind. Das antizyklische »Schnäppchenmachen« zwingt dich dazu, nach bestimmten Sachen gezielt zu suchen. Das würdest du nicht machen, wenn dir nicht ein Produkt fehlen würde. Das Lieblings-Sommerparfum also unter dem Weihnachtsbaum vorfinden? Warum nicht, dann kannst du dich schon auf das erste Aufsprühen zur warmen Sonne freuen. Du kannst es ja mal auf deinen Wunschzettel schreiben.

Das einzige Problem, was bei dem antizyklischen Shopping auftreten könnte: Du brauchst in etwa ein halbes Jahr Geduld, bis du die Sachen tragen kannst. Na ja, oder du packst deine Füße mit dicken Strümpfen in deine neuen Sandalen. Ansonsten musst du warten – aber Vorfreude ist ja bekanntlich die schönste Freude.

Investieren in Immobilien

Bauen ist kein Spaß, es sei denn, es läuft alles nach Plan. Aber sei dir sicher, das ist fast nie der Fall. Gerade in diesen Zeiten hörst du in den Schlagzeilen nicht viel Gutes vom Bau: gestörte Lieferketten, Handwerkermangel, fehlendes Material, hohe Energiekosten. Diese Liste könnte ich beliebig fortsetzen. Im Zuge eines Baus passieren die außergewöhnlichsten Geschichten. Damit meine ich nicht unbedingt, dass es meistens teurer wird als gedacht, sondern dass du mit Dingen rechnen solltest, die du zu Beginn gar nicht auf dem Schirm hattest.

Eine eigene Immobilie, die du selbst bewohnst, kann ein lohnendes Investment fürs Alter sein, weil du dann mietfrei wohnen kannst, was sich lohnt, da die Mietpreise im Laufe der Jahre weiter steigen werden. Momentan steigen die Mietpreise steiler an als die Immobilienpreise.

Natürlich musst du nicht selbst bauen. Vielleicht findest du auch eine geeignete Wohnung oder ein Haus, das deinen Wünschen entspricht und wo du direkt einziehen kannst. Auch das ist ein lohnendes Investment und eine meist sichere Altersvorsorge. Als Faustregel gilt, dass eine Immobilie zwischen 4 und 6 Prozent Rendite jährlich bringt.

»Vorsicht ist die Mutter der Porzellankiste« war auch ein geflügelter Satz meines Opas. Diese Vorsicht gebe ich dir in diesem Kapitel besonders mit auf den Weg. Denn beim Thema Immobilien geht es um sehr viel Geld!

Leider treibt sich auf dem Immobilienmarkt auch der eine oder andere Scharlatan herum. Es gibt manch windigen Immobilienvermittler, der bestimmt nur dein Bestes will – dein Geld. Ich selbst sollte mal einen Kaufvertrag unterschreiben über ein noch zu bebauendes Grundstück, auf dem dann »mein« Haus entstehen sollte. Der Haken hier war nur, dass die Verkäuferin, bei der ich unterschreiben sollte, dieses Grundstück selbst noch gar nicht besaß. Solche Dinge passieren tatsächlich. Glücklicherweise habe ich den Braten vorzeitig gerochen und damals nicht unterschrieben. Auf dem besagten Stück Land wachsen noch immer Blümchen und kein Beton. Es ist bis heute nichts darauf entstanden und mein Geldbeutel wurde glücklicherweise geschont.

Fast niemand kann ein Haus oder eine Wohnung aus der Portokasse bezahlen. Du musst einen Kredit aufnehmen und hier gibt es auch einige Dinge zu beachten. Erstens solltest du dir verschiedene Angebote bei verschiedenen Geldhäusern online und offline einholen. Ich schreibe das bewusst, denn der Bankberater um die Ecke tritt genauso in den Konkurrenzkampf um die Kreditvergabe ein wie viele Internetbanken. Am Ende möchte jeder verdienen und dir den bestmöglichen Zins anbieten.

Ein wichtiger Punkt für die Kreditvergabe ist, wie viel Eigenkapital du mitbringst. Als Faustregel gilt etwa: mindestens 10 bis 20 Prozent, besser mehr. Aber das kommt auch immer auf das Objekt, die Lage und damit den Preis an, wie viel Geld du schon hast, um die weitere Finanzierung zu starten.

Damit sind wir beim nächsten Punkt. Mach dir klar, wie viel Finanzierung du dir langfristig leisten kannst. Kein Kredit der Welt sollte dir die Luft zum Atmen nehmen und dich in deinem Alltag so einschränken, dass du nicht mehr über die Runden kommst. Dann lieber kleinere Brötchen backen und ein kleineres Objekt suchen.

Während dieses Buch entsteht, sind die Bauzinsen von knapp unter 1 Prozent auf rund 4 Prozent geklettert. Das ist ein Batzen Geld, der da nun zusätzlich an die Bank gezahlt werden muss.

Ich möchte hier gar keine konkreten Rechenbeispiele nennen, aber dir eines noch mit auf den Weg geben: Mach dir bewusst, wann du schuldenfrei sein möchtest, sprich: wie viele Jahre du einen Kredit abbezahlen kannst. Grob geschätzt heißt es, dass du 30 bis maximal 40 Prozent deines Nettoeinkommens als monatliche Rate investieren solltest, nicht mehr.

Wenn du wenig tilgen möchtest, sagen wir mal 1 bis 2 Prozent, dann würde ich eher eine lange Zinsbindung wählen. Wenn du viel tilgen kannst, gehen wir mal von 5 Prozent aus, dann brauchst du so eine lange Zinsbindung nicht.

Es hängt von verschiedenen Faktoren ab, klar auch vom Lebensstandard, wie viel Geld man für die monatliche Rate investiert. In manchen Gegenden Deutschlands werden inzwischen bis zu 50 Prozent des verfügbaren Nettoeinkommens allein für

Miete ausgegeben. Darauf sollte bei der Kreditfinanzierung geachtet werden. Kein Objekt ist es wert, dass du dich derart krummmachst, dass es finanziell richtig unbequem wird. Und gräme dich nicht, es kommt öfter vor, dass du in manchen, teuren Gegenden eine Immobilie gar nicht vollständig abbezahlen kannst. Auch das ist kein Beinbruch. Die Denkweise der älteren Generationen, in einem abbezahlten Haus zu leben, ist heutzutage oftmals nicht mehr realisierbar. Es wird erst dann ein Thema, wenn die Immobilie eines Tages verkauft wird.

Die Entscheidung, eine Immobilie zu kaufen, ist schwer. Es hängt einfach so viel mit daran, was zu bedenken und zu beachten ist, und bereitet dir vielleicht schlaflose Nächte. Vermutlich ist es oft auch nicht einfach, den richtigen Zeitpunkt zu finden, sich für den Immobilienkauf oder den Hausbau zu entscheiden. Vielleicht hättest du im Nachhinein das eine oder andere längst erwerben sollen, hast auf fallende Preise oder einen noch günstigeren Kredit gewartet – und dann das Gegenteil erlebt.

Damit bist du nicht allein, ich denke, das geht vielen so. Auf irgendetwas zu warten geht in diesem Zusammenhang meistens schief. Auch wenn die Immobilienpreise derzeit mancherorts einen kleinen Rückgang erfahren, werden sie in den beliebten Gegenden weiter steigen.

Mein Tipp: Wäge beim Immobilienkauf genau ab: vergleiche Kreditangebote, die mögliche Rendite des Objekts oder ob du es selbst bewohnen willst. Eine sichere Altersvorsorge ist eine Immobilie in guter Lage in jedem Fall. Und Vorsicht beim Warten: momentan geben die Immobilienpreise in manchen Regionen zwar hauchdünn nach, dafür steigen aber die Kreditzinsen an. Am Ende entscheiden Bauch und Budget gemeinsam!

Investieren in die Altersvorsorge

»Wir brauchen das Geld, um zu überleben.« Den Satz, den ich in Bregenz am Bodensee von der jungen Frau hörte, würden viele wahrscheinlich komplett unterschreiben.

Und auch das »Schwimm lieber im Meer als im Geld« des Buchtitels musst du dir leisten können. Es ist ein Luxus, den du nur genießen kannst, wenn genügend Geld vorhanden ist. Erst dann kannst du die Leichtigkeit leben und das Gefühl, schwerelos im Meer treiben zu können, genießen.

An dieser Stelle muss ich die Werbung eines Kreditkarten-Unternehmens aus dem Jahre 1991 erwähnen. Eine Frau, mit nichts als einem Bikini bekleidet, springt vom Segelboot ins offene Meer und schwimmt zu einem Surf-Shop. Sie probiert diverse Sonnenbrillen an und lächelt verschmitzt. Als sie sich schließlich für eine entschieden hat, sagt sie zu dem verdutzten jungen und unschuldig naiv wirkenden Verkäufer: »Ich möchte zahlen.« – »Und wie?« – »Mit meiner Visa-Card.«

Die Werbung ist über 30 Jahre alt. Heute würde sie vermutlich aus vielerlei Gründen so nicht mehr ausgestrahlt werden. Wer kann sich schon so wirklich vorstellen, was in 20, 30, 50 Jahren ist? Vor allem weißt du nicht, wie viel Geld du dann brauchen wirst, um deinen Lebensunterhalt zu bestreiten. Schlimmer noch: wie viel Geld zur Seite gelegt werden muss, um eventuelle Medikamente oder medizinische Leistungen bezahlen zu können. Denn die Krankenkasse hat ihre besten Zeiten längst hinter sich und wird künftig immer weniger Dinge als »Kassenleistung« bezahlen.

Die Gefahr von Altersarmut ist gerade bei Frauen groß. Laut dem aktuellen Armutsbericht wächst besonders die Zahl der alleinerziehenden Mütter, die im Alter von Armut betroffen sind. Sie stellen die größte Gruppe mit mehr als 30 Prozent dar, dicht gefolgt von

Niedriglohnbeschäftigten und kinderreichen Familien mit drei oder mehr Kindern. Auch leben fast 20 Prozent der Rentner in Armut.

Warum sind vor allem Frauen im Alter arm? Das hat verschiedene Gründe. Leider interessieren sich immer noch zu wenige Frauen für das Thema Finanzen. Ich hoffe, dass sich das allmählich ändert.

Frauen bekommen noch im erwerbstätigen Alter bei gleicher Qualifikation weniger Gehalt als Männer. Das ist die sogenannte »Gender Pay Gap«, die Lücke, die Frauen finanziell besonders zu schaffen macht.

Deutschland ist in vielen Dingen europaweit führend und schreibt sich das auch gerne auf die Fahne. Leider ist Deutschland aber auch weit vorne, wenn es um geschlechterspezifische Lohnunterschiede geht. Hierzulande gibt es in diesem Punkt eines der höchsten Lohngefälle in ganz Europa, immer noch. Das kostet Wohlstand – Tag für Tag!

Frauen sind bis ins hohe Alter wirtschaftlich schlechter gestellt als Männer. Sie fallen durch Kindererziehungszeiten im Beruf häufiger aus als Männer. Dadurch zahlen sie in jungen Jahren weniger Geld in die Rentenkasse ein. Geld, welches dann am Ende des Lebens fehlt. Damit kann der Lebensstandard nicht gehalten werden.

Männer bekommen im Vergleich eine deutlich höhere Rente. Die Zahl, die den großen Unterschied derzeit macht, ist erschreckend: Rund 40 Prozent mehr Rente erhält ein Mann mehr als eine Frau. Die Krux: Frauen werden älter als Männer, darum ist der Unterschied noch viel gravierender.

Laut Deutscher Rentenversicherung war der Rentendurchschnitt nach Abzug von Kranken- und Pflegeversicherung monatlich im Sommer 2021 weniger als 840 Euro. So viel bekommt eine Rentnerin durchschnittlich von der gesetzlichen Rentenversicherung. Das ist nicht viel, denkt man an Miete, Essen, Wohnen – erst recht bei den derzeitigen Energiepreisen. Da bleibt nichts mehr übrig zum Leben.

Finanzielle Vorsorge fürs Alter ist deshalb umso wichtiger. Nur wovon, fragen sich viele. Die Lebenshaltungskosten sind schon so hoch, dass das bisschen Extra, was man zur Seite legen könnte, fehlt.

Experten empfehlen für die Altersvorsorge, mindestens 30 Jahre lang etwa 15 Prozent seines Nettogehalts anzulegen – möglichst renditeorientiert versteht sich. Das heißt das Geld möglichst gewinnbringend anlegen, damit es sich vermehren kann. Eine Möglichkeit wäre, langfristig das Geld am Aktienmarkt zu investieren. Durchschnittlich hat der Deutsche Aktienindex in den vergangenen Jahren jährlich rund 6 bis 8 Prozent Rendite erwirtschaftet. Von dieser haben übrigens überwiegend Männer profitiert, denn nur etwa ein Drittel der Aktienbesitzer in Deutschland ist weiblich.

Bei den meisten, die dieses Buch gerade in den Händen halten, klafft irgendwann eine große Rentenlücke. Das heißt, dass der jetzige Lebensstandard im Alter nicht mehr gehalten werden kann. Ein Teil der Lösung könnte ein Fondssparplan, eine Lebensversicherung oder eine Anlage in ETFs sein. Wenn du rund 10 Prozent deines Nettoeinkommens monatlich anlegen könntest, wäre das ein gutes Polster. Wenn du das nicht schaffst, lass die Summe so gering wie nötig sein, aber mach dir klar, nichts tun ist keine Lösung. Eine Idee, die nun das leidige Thema Rente in vielerlei Hinsicht verbessern soll, ist die Aktienrente. Die Babyboomer gehen in Rente und geburtenschwächere Jahrgänge folgen. Der demografische Wandel unserer Gesellschaft ist eine Herausforderung für unser Rentensystem. Das ist nichts Neues und hinlänglich bekannt. Nach schwedischem Vorbild wird nun seit Längerem über die Aktienrente debattiert.

Doch was ist die Aktienrente überhaupt? Ein Teil deiner Rentenversicherungsbeiträge wird dabei in Aktienfonds investiert. Im

Allgemeinen sind die Aktienkurse auf längere Sicht auf Wachstum angelegt. Allein dieses Jahr hat der DAX im ersten Quartal 12 Prozent zugelegt. Das war der beste Börsenstart seit seiner Gründung. Natürlich kommen die Rückschläge, aber perspektivisch gesehen werden die Investoren und Einzahler von den steigenden Kursen profitieren.

Dass das bisherige Rentensystem nicht aufgeht, weil es mehr Rentner als Erwerbstätige, sprich Beitrags-Einzahler, gibt, ist hinlänglich bekannt. Finanziell muss also nachgebessert werden. Im Jahr 2020 gingen mehr als 70 Milliarden Euro aus dem Bundeshaushalt in die Rentenkasse. Tendenz steigend, im Jahr 2021 waren es mehr als 100 Milliarden Euro.

Immer wieder wurde die Rente reformiert, kein einziges Nachbessern brachte den gewünschten Erfolg und eine finanzielle Entspannung. Der Trend lässt sich bislang nicht umkehren. Nun soll die Aktienrente Abhilfe schaffen. Der Bundeshaushalt soll so ab dem Jahr 2030 entlastet werden, ohne dass das Rentenniveau abgesenkt werden muss.

Arbeitnehmer sollen künftig 2 Prozent ihres Lohns in eine Art »Staatsfonds« investieren, bei dem sie ein individuelles Konto erhalten. Dieser Fonds soll dann die Gelder aller Arbeitnehmer in weltweite Aktienmärkte investieren und so hohe Renditen erwirtschaften. Über den Zinseszins sollen diese Beträge dann dem Versicherten zukommen, ab dem Tag, an dem er in den Ruhestand geht. Damit das Ganze kein Minusgeschäft für die Arbeitnehmer wird, soll der Beitrag zur Gesetzlichen Rentenversicherung um eben diese besagten 2 Prozent gesenkt werden. Seit den 1990er-Jahren gibt es ein solches Rentenmodell bereits in Schweden, die Abgabe für den Fonds liegt dort bei 2,5 Prozent.

Kannst du dich also freuen, wenn du bald in Rente gehst oder es schon bist? Leider nein, denn für die aktuellen Rentner bringt die Reform wenig bis gar nichts. Die heute älteren Menschen, die nur wenige Jahre in die Aktienrente einzahlen würden, hätten kaum Vorteile. Anlagen am Aktienmarkt machen langfristig Sinn und bringen dann auch meistens die erhoffte Rendite. Für die Aktienrente geht man von einer Durchschnittsrendite des noch zu schaffenden Staatsfonds von jährlich 6,5 Prozent aus. Wer nur kurz einzahlt, hat von dem Systemwechsel bei der Rente kein Plus.

Die Aktienrente ist also etwas für die Zukunft und für künftige Generationen. Sie muss sich erst etablieren, bevor man ihre Früchte ernten kann. Die jetzigen Arbeitnehmer müssen sich in Geduld üben. Wirkungsvoll und zahlungskräftig dürfte das Konzept etwa erst in fast 40 Jahren sein. Dann nämlich, wenn die ersten Arbeitnehmer in den Ruhestand wechseln, die wiederum volle 40 Beitragsjahre in die »Rentenkasse« – beziehungsweise in diesem neuen Fall in den Aktienrenten-Fonds – eingezahlt haben.

Auch über das Renteneintrittsalter gibt es noch Redebedarf. Bei dem Thema steigt der Diskussionsanteil momentan fast wöchentlich. Denn neueste Studien führender Wirtschaftsinstitute besagen, dass der Arbeitskräftemangel in Deutschland mit am besten behoben werden kann, wenn man Arbeitnehmer länger als bisher im Berufsleben belässt.

Wenn ein Rentner mit 63 Jahren aufhörte, ginge die Rechnung mit dem Staatsfonds nicht auf. Dann wäre nicht genügend »Geld im Säckel«. Ebenso müssen sich die Verantwortlichen Gedanken machen, was im Falle von Krisen passiert, wenn der Aktienfonds gerade nicht gut performed, weil die Kurse gerade im Keller sind. In diesem Fall müsste der Staat finanziell nachbessern, damit die dann gerade in Rente gehenden Arbeitnehmer keine Geldeinbußen gegenüber florierenden Wirtschaftsjahren hätten.

Schon längst wissen wir, dass Arbeitsminister Norbert Blüm einst nicht recht hatte mit seinem »Die Rente ist sicher«. Sicher ist in diesem Zusammenhang nur eines: Das Geld reicht vorne und hinten nicht. Auch bei der Aktienrente ist das so. Denn auch hier wird sich wohl nicht vermeiden lassen, dass die Beiträge steigen werden. Aktuell liegen sie bei knapp 19 Prozent des Bruttolohns. Mit der Einführung einer Aktienrente würden die Rentenbeiträge auf knapp 17 Prozent sinken. Rechnest du die 2 Prozent für die Aktienrente mit ein, wäre es bei plus/minus null. Das Niveau wäre insgesamt stabil. Allerdings gehen Prognosen davon aus, dass die Rentenbeiträge mit und ohne Aktienrente bis ins Jahr 2037 auf mehr als 22 Prozent steigen werden. Womit ich wieder beim Thema von Blacky Fuchsberger wäre: »Altwerden ist nichts für Feiglinge!«

Umso wichtiger ist es, fürs Alter finanziell gewappnet zu sein – denn: »Vorne gerührt, brennt hinten nicht an!«

Hier noch ein paar Tipps in Kürze:

1. Plane frühzeitig deine Altersvorsorge, die gesetzliche Rente reicht nicht aus.

2. Schon kleine Beträge monatlich zu investieren lohnt sich!

3. Die Rendite aus Immobilien kann eine sinnvolle Altersvorsorge sein.

4. Plane den finanziellen Ausfall durch Erziehungs- und Elternzeiten mit ein.

5. Nutze gegebenenfalls bei deinem Arbeitgeber die Möglichkeit der betrieblichen Altersvorsorge.

6. Das Allerwichtigste: Verlangsame den Alterungsprozess, indem du versuchst, dich körperlich und geistig so lange wie möglich fit zu halten.

Investieren in Kunst

Gut gerührt werden muss auch manchmal Farbe, bevor der Künstler dann frisch ans Werk geht. Ich habe schon lange nicht mehr selbst als Hobby gemalt, widme aber nun eines meiner letzten Kapitel den schönen Künsten und der Leichtigkeit ... den Investitionen in Kunst.

Es war in meinen Anfängen als Börsenreporterin in Frankfurt, als ich mein besonderes Kunstobjekt kaufte. Frankfurt sah damals rund um den Goetheplatz noch vollkommen anders aus. Andere Häuser, andere Geschäfte, verglichen zur heutigen Dynamik Mainhattans fast klein und überschaubar.

Ich erwarb dort in einer modernen Galerie ein Bild, das mich bis heute an jeden Wohnort begleitet und meine vier Wände schmückt. Ich machte mich zum Gespött meines Kollegen, als ich dieses übergroße Teil gut verpackt und gesichert quer über den Platz Richtung Börse oder Richtung Auto schleppte. Wie genau ich es geschafft habe, es nach Hause zu transportieren, ist mir bis heute ein Rätsel.

Eine Wertsteigerung habe ich bis jetzt nicht feststellen können. Meine Investition hat sich finanziell also vermutlich überhaupt nicht gelohnt, das glückliche Händchen bei diesem Kunstkauf hatte ich ganz offensichtlich nicht. Aber das Bild erfreut mich jetzt noch, hängt an der Wand und ist für mich persönlich zeitlos schön.

Investitionen in Kunst sind eine nicht so einfach und logisch zu erklärende Sache. Wer kennt ihn nicht, den Spruch: »Ist das Kunst oder kann das weg?«. Kunst ist etwas sehr Persönliches. Wem etwas gefällt und warum, ist sehr individuell und nicht erklärbar. Über Geschmack lässt sich nicht streiten. Über Jahrhunderte hinweg haben sich Künstler und Intellektuelle mit Kunst befasst und lebhaft über sie diskutiert. Ein Objekt kann Kitsch oder Kunst sein. Der US-amerikanische Künstler Jeff Koons zum Beispiel gab einer Skulptur einen gänzlich anderen Mehrwert. Auf jedem Jahrmarkt sieht man Clowns, die Ballonschlangen zu lustigen Figürchen formen. Ein Herz, eine Blume oder eben ein Pudel. Durch Jeff Koons wurde diese Pudelfigur zu einer weltweiten Berühmtheit. In vielen Kinderzimmern fliegt so ein Ballonpudel so lange achtlos in der Ecke herum, bis ihm buchstäblich die Luft ausgeht. Bei Jeff Koons kostet dieser metallicblau gefärbte Ballonhund aus Porzellan bis zu 40.000 US-Dollar. So kann es gehen.

Bereits zum zweiten Mal hat das Luxushaus Louis Vuitton die bekannte japanische Künstlerin Yayoi Kusama für eine neue Kollektion gewinnen können. Die Dame mit feuerroter Bobfrisur hat bunte Punkte in blau, rot, gelb und grün und weiß auf Taschen gemalt. Sie nennt sie »Infinity Dots« – Ewigkeitspunkte. Mit ihren 93 Jahren hat sie in Zusammenarbeit mit dem Konzern für einen Hype auf ihre Kreationen gesorgt. Weltweit kaufen Menschen die Taschen und legen sie ungetragen beiseite, in der Hoffnung, dass sich ihr Wert beachtlich steigert. Erst recht, weil die Künstlerin inzwischen hoch betagt ist. Die Anzahl der Objekte der Begierde ist streng limitiert.

Kunst als Anlage zu sehen ist für manche auch eine Option. Sich Dinge anzuschaffen, an denen man Freude hat *und* die im Wert steigen, eine feine Sache.

Je seltener, desto begehrter. Es gibt eine Tendenz in der zeitgenössischen Kunst, Werke von Künstlern gar nicht mehr verfügbar zu machen. Doch nicht nur bei Kunstwerken stellt man diesen »Trend« fest. Wie bereits beschrieben, auch bei begehrten Luxusartikeln namhafter Weltmarken werden begehrte Artikel systematisch eine Zeit lang aus dem Verkauf gezogen. Sind sie wieder verfügbar, ist ihr Anschaffungswert zwischenzeitlich deutlich gestiegen. Für manche Dinge zahlt der interessierte

Käufer von Luxusartikeln oder Kunst dann deutlich mehr gebraucht als neu. Alles Preisliche wird bestimmt durch Angebot und Nachfrage.

Es gehört schon eine Menge Leidenschaft und Idealismus dazu, wenn du diesen Hype um absichtlich verknappte »Objekte der Begierde« mitmachen möchtest. Es ist eine kostspielige Angelegenheit, aber materieller Wert und ideeller Wert sind für jeden verschieden.

Die zeitgenössische Kunst möchte sich dem Markt dann und wann entziehen. Das schafft sie, indem sie Werke kreiert, die gar nicht mehr verfügbar sind. Das Überraschungsmoment schlechthin ist auf einer Versteigerung des Auktionshauses Sotheby's im Herbst des Jahres 2018 passiert. Dort wurde das inzwischen bekannte Werk »Girl with Balloon« des geheimnisvollen Londoner Street Art Künstlers Banksy versteigert. So weit, so gut, so normal bei einer Kunstauktion.

Doch als der berühmte Hammer fiel und das Bild für 1,6 Millionen Euro an eine anonyme Sammlerin verkauft war, zerstörte sich das Bild selbst. Im goldenen Rahmen war ein Schreddergerät eingebaut. Offensichtlich war dieser Selbstzerstörungsmechanismus ein bewusster Teil der Kunst.

Die anonyme europäische Bieterin und alle Anwesenden der Auktion staunten nicht schlecht, als in etwa die Hälfte des Bildes in schmale Streifchen geschnitten war. Es verschlug so manchem die Sprache und das ganze Geschehen wurde weit über die Kunstszene weltweit bekannt.

Dieses, ich nenne es mal »veränderte«, weil halb geschredderte Bild, wurde kurze Zeit später von Banksy zu einem neuen Kunstwerk erklärt. Es erhielt den neuen Namen »Love is in the bin«, was so viel heißt wie: »Die Liebe ist im Eimer«.

Interview mit Peter Femfert, Inhaber von »Die Galerie« in Frankfurt am Main

»In Kunst wurde schon immer investiert. Hat sich das Anlageverhalten in Kunst heutzutage verändert?«

»Ja, das Anlageverhalten hat sich tatsächlich verändert. Früher haben Sammler Kunst gekauft, weil sie Herzklopfen hatten, wenn sie vor einem Bild gestanden haben und ihnen das Exemplar gefallen hat. Heute wird das Bild mehr aus Investmentgründen gekauft. Das liegt natürlich auch daran, dass das Zinsniveau seit Jahren niedrig ist und man weniger bekommt für sein Geld. Viele haben da umgeschwenkt und erkannt, dass es in der Kunst gute Möglichkeiten gibt, zu verdienen und zu investieren. Das ist jetzt auch immer noch so, obwohl das Zinsniveau langsam wieder höher wird.

Es ist ja unheimlich viel Geld im Markt und es muss ja auch irgendwo hin. Die wohlhabenden Leute sind in den Krisen rund um Corona und den Ukrainekrieg nicht ärmer, sondern eher noch reicher geworden. Das Geld muss irgendwo hin. Es wird entweder in Immobilien oder in der Kunst untergebracht. Und dann kommt noch hinzu: Das Sammeln von Kunst ist zu einem – na, sagen wir mal – Sozial-Prestige-Produkt geworden. Viele Menschen kaufen Kunst aus Prestigegründen. Es kommt darauf an, dass es etwas Bekanntes ist und dass sie es in der richtigen Galerie gekauft haben.«

»Gibt es diese Tendenz, dass Kunst versucht, sich der Verfügbarkeit zu entziehen?«

»Das ist eine gute Frage. Sie müssen den Handel von Kunst in verschiedene Bereiche teilen. Einerseits sind es die großen Auktionshäuser. Sie sind zum Handelsplatz für alle geworden. Viele Galerien haben das vor 40 Jahren verschlafen. Sie haben ihre Werke sogar bei Auktionshäusern gekauft und verkauft. Somit haben sie natürlich ihre direkten Konkurrenten gestärkt. Die Auktionshäuser haben sämtliche Kunden auf ihrer Liste. Die großen Galerien sind letztendlich Wirtschaftsunternehmen. Sie sind vor allem unternehmerisch geführt. Die kleinen Galerien sind nach wie vor mit Enthusiasmus dabei, aus Freude an der Kunst. Manche Galeristen kommen aus wohlhabenden Familien. Sie machen es, weil sie Spaß an der Kunst haben, und machen das dann so lange, bis das Geld alle ist. Im Allgemeinen gilt: Eine Galerie zu führen ist harte Arbeit. Seine Kunden muss man suchen und pflegen. Viele Galerien promoten Künstler, weil sie von ihnen überzeugt sind. Viele Künstler kommen dann in höhere Sphären, werden so lange unterstützt, bis der Hype vorbei ist. Die Mega-Galerien haben an erster Stelle die Motivation, Geld zu verdienen.«

»Es gibt die Pop-Art-Kunst für jedermann und im Gegensatz dazu seltene Werke. Die Kunst wird teilweise kommerzialisiert in Kunstsupermärkten. Haben Sie das Gefühl, dass Kunst dadurch verramscht wird, möglicherweise gar keine Kunst mehr ist? Wie sehen Sie das?«

»Ich bin nicht der Meinung, dass Kunst verramscht wird. Ich habe ein Problem mit den Supermärkten, eine Galerie macht das anders. Ich finde es aber generell gut, dass Kunst dem Bürger entgegenkommt. So ist es möglich, dass sie für jedermann zugänglich ist und nicht nur für die oberen Zehntausend. Der Künstler Friedensreich Hundertwasser hat so etwas schon vor rund 50 Jahren gemacht. Als ich die Galerie 1979 gegründet habe, habe ich angefangen mit Editionen, unter anderem auch von Hundertwasser. Jedes dieser Blätter war eine Farbvariante, das Motiv war immer das gleiche. Es waren erschwingliche Editionen und ich finde es richtig, dass Kunst nicht nur für einen kleinen elitären Kreis verfügbar ist.«

»Wenn es um Anlage geht, wer entscheidet, ob Kunst einen Wert hat? Erst ab dann wird es ja interessant für Anleger?«

»Das entscheidet der Markt nach den Gesetzen von Angebot und Nachfrage. Hinzu kommen dann natürlich Maßnahmen, die man ergreifen kann. Die Mega-Galerien können mit ihrer Marktmacht den Markt lenken. Sie können einen unbekannten Künstler promoten und ihn damit bekannter machen und nach oben jubeln. Danach wird dann auf das nächste Pferd gesetzt.«

»*Diese Dinge werden somit ja ganz offensichtlich gesteuert. Diejenigen, die den Wert der Kunst steuern, wären ja dann eigentlich gute Anlageberater ... ?!*«

»Genauso ist es! Da gibt es eine ganze Gruppe von Menschen, die das beeinflussen können. Das sind zum einen die Feuilletonisten aus den Medien, hinzu kommen die Art Consultants, also die Kunstberater aus der Wirtschaft, und dann die Galerien. Und dann haben Sie noch die Museumsdirektoren und nicht zuletzt die Kunstsammler – sie alle bestimmen mit, ob der Künstler erfolgreich wird. Bei einer guten Anzahl von Mitmachern steigt die Nachfrage und dann eben auch der Preis.«

»*In welche Richtung entwickelt sich die Kunst?*«

»Die Kunst entwickelt sich weiter in Richtung Kommerz. Wie wollen Sie das Rad zurückdrehen? Ich weiß es nicht recht. Die wahren Sammler, die mit Herzklopfen vor einem Bild stehen, sterben aus, glaube ich.«

Investieren in Kryptokunst: NFTs – hip und waghalsig

Auch im Bereich der Kunst spielt sich vieles längst im Digitalen ab. Kryptokunst ist bei einigen beliebt, die glauben, hier das schnelle Geld machen zu können. Sie investieren in NFTs, sogenannte Non-Fungible-Tokens. Übersetzt heißt NFT so viel wie: »Nicht ersetzbare Wertmarke«. Doch was ist das überhaupt?

NFTs sind so etwas wie digitale Echtheitszertifikate oder Besitzurkunden. Sie bezeichnen digitale Vermögenswerte. Kunstinteressierte können sich im Internet ein digitales Bild als NFT kaufen. Andere können es sich zwar auch ansehen, aber durch den NFT ist genau geklärt, wer das Bild besitzt. Es sind nicht manipulierbare digitale Zertifikate und damit Originale, die in einer Blockchain (digitale, große Datensatzkette) gesichert sind. Auch hier gilt wie bei Bitcoins und Co.: Es spielt sich alles in der digitalen Welt ab. Auf Marktplätzen im Internet kannst du deine Werke als Künstler dann zu Geld machen und die Blockchain sorgt dafür, dass aus digitaler Kunst Unikate für technikaffine Leute werden. Viele Menschen investieren in NFTs in der Kunstszene, weil sie hoffen, die Preise könnten steigen. Auch hier gilt: NFTs sind nichts für schwache Nerven. Der Wert von Kunst ist nie objektiv messbar, sondern immer das wert, was ein Käufer bereit ist, dafür zu zahlen. Der Wert von NFTs kann stark schwanken und nach dem Hype für Kryptokunst im Jahr 2021 ist der Stern auch wieder leicht verglüht, zumindest sinkt er etwas.

Im April 2021 erlangten NFT-Affen als »Bored Apes« (gelangweilte Affen) schnell Berühmtheit. Vor allem, weil sich Sängerin Madonna, Hotel-Erbin Paris Hilton, Fußballer Naymar und Co. solche Exemplare sicherten.

Als der Bored Ape Yacht Club anfing, die Affenbilder zu verkaufen, kosteten die ersten zehntausend verfügbaren NFT-Affen in der digitalen Währung Etherium 0,08 ETH. Das waren umgerechnet rund 190 US-Dollar. Weniger als 12 Stunden später waren sie ausverkauft und brachten dem herausgebenden Unternehmen Yuga Labs mehr als 20 Millionen US-Dollar ein. Ein verrückter Handel im Netz begann.

Diese NFTs haben für Künstler den Vorteil, dass sie ihnen im Internet zu mehr Präsenz verhelfen. Durch verschiedene Promi-Künstler, unter anderem US-Künstler Jeff Koons oder den Briten Damien Hearst, haben sie an Aufmerksamkeit gewonnen.

Zwei entscheidende Nachteile haben NFTs.

Erstens sind sie höchst spekulativ, teilen also das Schicksal von Kryptowährungen. Viele Kunstkäufer verloren 2022 Geld, weil NFTs an Wert eingebüßt haben. Zweitens ist ihre Klimabilanz verheerend. Jede Bewegung im Internet hinterlässt eine CO_2-Emission, wenn der Strombedarf der Server nicht aus regenerativen Energiequellen kommt.

Zwar setzt die digitale Kunstszene darauf, dass aus bestimmten Bildern Statussymbole ihrer Besitzer werden, allerdings zu dem hohen Preis, dass ihr Wert äußerst volatil und damit instabil ist. Hier kommt es oft auf geschicktes Marketing drauf an. Und der Käufer kann nur darauf hoffen, dass auch hier die einfachen Gesetze des Marktes gelten und durch Verknappung eine Preissteigerung des Objektes erzielt wird.

Ganz spannend in diesem Zusammenhang: NFTs wagen gerade den Sprung hinaus aus der digitalen Welt in die Realität und manchmal sogar in die Baufinanzierung! Der Kölner Dombau-Verein will mit dem Verkauf von digitalen Bildern die Restaurierung der größten Kirche Deutschlands fördern. Es sollen insgesamt 3.500 Ausschnitte einer Fotografie des Westportals des Kölner Doms online angeboten werden. Durch diese Aktion, die den Namen »Dome Cologne NFT« trägt, sollen weltweit Kunstfreunde und Unterstützer für den Erhalt des Weltkulturerbes angeworben werden. 20 mal 20 Zentimeter groß sind die Werke, die

Ausschnitte des Domportals zeigen. Aufgenommen wurden die Fotografien mittels einer Drohne und dann digital in ein grafisch zweidimensionales Abbild übersetzt. Investitionen in NFTs vom Kölner Domportal – auch eine Form von Investment, in diesem Fall sogar für einen guten Zweck – allerdings wohl eher für Technikfreaks, die den Reiz im Besonderen suchen. Durch diese Aktion werden auch jüngere Menschen in die Sanierung des Bauwerks mit einbezogen, vermutlich weit mehr, als sich über »einfache Spendenaufrufe« gefunden hätten.

NFTs gibt es übrigens nicht nur in der Kunstszene. Der US-Kaffeekonzern Starbucks hat aktuell 2.000 NFTs über eine Internetplattform ausgegeben. Starbucks NFTs fassen sich unter dem Namen »Stamps« zusammen und sind eine Hommage an die bekannten Stempelkarten des Unternehmens. Jedes Mitglied konnte bis zu zwei Sammlerstücke für je 100 US-Dollar erwerben. Nach nur 18 Minuten waren alle 2.000 NFTs der Kollektion vergriffen. Ihr Wert schoss kurz darauf auf bis zu 600 US-Dollar nach oben, fiel anschließend jedoch auf rund 379 US-Dollar zurück. Kryptokunst-Käufe sind eine Achterbahnfahrt für Gefühle und Geldbeutel.

> Investitionen in Kryptokunst sind nur etwas für Kenner, die den Markt jede Sekunde (!) im Blick haben und einen schnellen Finger haben, wenn der Wert ihres Kunstwerkes in die Höhe steigt. Genauso schnell kann nämlich auch »Schluss mit lustig« und der eingesetzte Betrag futsch sein. Besser nur dann investieren, wenn du ein bisschen Spielgeld übrig hast. Für langfristiges Anlegen lieber die Finger davon lassen!

Last, but not least: Investiere in Menschen, die dir guttun

Das Investment, was uns vermutlich das beste Gefühl überhaupt gibt, ist das Investment in Menschen. Ohne ein glückliches Miteinander wäre vieles andere nichts wert.

Das beste Rezept, gesund und innerlich stabil zu bleiben, ist es daher, wenn du dich mit anderen Menschen umgibst, die dir guttun. Genauso wichtig ist es aber zu erkennen, wer dir nicht guttut. Fällt dir vielleicht auch gleich eine besondere Person ein, auf die das zutrifft, die du nicht magst und die du am liebsten »ausrangieren« würdest? Mir geht es ganz genauso. Manchmal sind es sogar mehrere Personen aus verschiedenen Bereichen gleichzeitig. In meinem Leben habe ich immer wieder festgestellt, dass man die meisten Probleme mit den Menschen hat, die die meisten Probleme mit sich selbst haben. Ob es nun das berufliche oder private Umfeld betrifft – wer mit sich selbst unzufrieden und nicht im Reinen ist, wird auch häufig zum Problem für sein nächstes Umfeld. Diese Leute vergraulen dann auch gerne einmal ihre Mitmenschen. Ihre eigene Unzufriedenheit versuchen sie somit auf andere und im Zweifelsfall auf dich zu übertragen. Lass ihre Probleme aber nicht zu deinen eigenen werden.

Auch wenn das jetzt leichter gesagt als getan ist – versuche nicht frustriert oder missgestimmt zu werden, wenn eine Person dir Dinge entgegenschleudert, die dich vor den Kopf stoßen. In den allermeisten Fällen liegt das Problem bei deinem Gegenüber.

Hierzu Folgendes: Als ich aufs Gymnasium ging, las ich rund um mein Abitur *The Great Gatsby* von F. Scott Fitzgerald im Englisch Leistungskurs. Darin heißt es gleich zu Anfang übersetzt:

»In meinen jüngeren und verletzlicheren Jahren hat mir mein Vater einen Rat erteilt, den ich seitdem immer wieder in meinem Herzen bewege.

›Wann immer dir danach ist, jemanden zu kritisieren‹, sagte er mir, ›bedenke, dass nicht alle Menschen auf dieser Welt dieselben Vorteile genossen haben wie du.‹«

Du kannst deinem Gegenüber immer nur vor den Kopf aber nicht in ihn hineinblicken. Du weißt nicht, welche kleinen oder großen Baustellen er oder sie innerlich zu verarbeiten hat, welche Krankheiten, Verluste, Schicksale und Unsicherheiten sich hinter der Fassade verbergen mögen.

Habe Geduld mit ihr oder ihm und versuche, es nicht persönlich zu nehmen. Wahrscheinlich bist du nicht die einzige Person, an der dieser Frust ausgelassen wird.

Es ist viel einfacher, selbst zurückzukontern, als es wegzuatmen. Aber am Ende bringt Variante Nummer zwei häufig den größeren Mehrwert und dir selbst den ruhigeren Puls als Variante Nummer eins.

Du sollst dich aber auch nicht unterbuttern lassen. Gib Kontra, wenn der Bogen überspannt wird, denn deine Opferrolle wird für dein Gegenüber sonst vielleicht zu einem gefundenen Fressen. Es ist ein Abwägen und ein schmaler Grad. An diesem Punkt lernen wir wohl unser ganzes Leben lang nicht aus.

Kennst du jemanden, der dir immer wieder Kraft und Energie raubt und noch viel schlimmer: Veränderst du dich negativ, wenn du mit dieser Person zusammen bist, so, dass du dich dann selbst nicht mehr leiden kannst?

Ja? Und warum verbringst du dann noch deine Zeit mit dieser Person?

Das klingt sehr lapidar und mir ist vollkommen klar, dass es nicht immer so einfach ist. Da gibt es Strukturen, Zwänge, Sorgen, Nöte, Ängste.

Von einem Freund, einer Freundin, einem Partner, einem Familienmitglied oder Kollegen kann man sich nicht einfach so verabschieden wie von aussortierter Kleidung und einem Paar alter Schuhe. Oftmals sind die Verknüpfungen so, dass einen immer wieder etwas daran hindert, tatsächlich einen Schlussstrich unter diese Beziehung zu ziehen, wie auch immer sie sein mag.

Aber ich glaube, in den allermeisten Fällen fehlt es nur an einer einzigen Sache mit drei Buchstaben: an Mut!

Als ich mit 32 Jahren beschloss, mich von meinem damaligen Ehemann scheiden zu lassen, hörte ich zwei bemerkenswerte Sätze aus meinem Umfeld. Der eine war: »Also, ich finde es wirklich unglaublich mutig, dass du dich scheiden lässt.« Der andere war: »Du musst erst mal wieder einen Mann finden, der so viel verdient wie dein jetziger.«

Zum Glück kann ich nur den Kopf darüber schütteln, was damals zu mir gesagt wurde. Das eine empfand ich ebenso absurd wie das andere.

Wenn man mit Anfang 30, ohne gemeinschaftlichen materiellen Besitz und vor allem kinderlos, nicht den Mut hat, neue Wege zu gehen, ja wann denn dann?

Ich würde jeden Tag neu anfangen wollen, wenn mich der eingeschlagene Weg unglücklich machen würde, und kann nur alle dazu ermutigen, das Gleiche zu tun.

Dieser finanzielle Satz aus meinem engeren Umfeld entbehrte sowieso jeglicher Grundlage. Mein damaliger Mann und ich hatten einen Ehevertrag und wir waren somit gänzlich finanziell unabhängig.

Apropos Ehevertrag: Jetzt bin ich hier noch einmal die Finanzratgeberin: Falls du vorhaben solltest zu heiraten – mach einen

Ehevertrag! Er hilft dir im Fall der Fälle (von dem wir nicht ausgehen wollen), finanziell alles geregelt zu haben. Diese Investition ist es wert.

Mein Ex-Mann und ich sind damals Händchen haltend zum Notar hineinspaziert und auch Händchen haltend nach Unterzeichnung des Ehevertrages wieder hinausgegangen. Als es dann weniger romantisch bei uns beiden war und irgendwann die Scheidung folgte, hatten wir vertraglich wenigstens alles geregelt und das machte dann vieles leichter.

Denn eine Scheidung ist schon schwer genug. Vor der Scheidungsrichterin saßen wir beide wie zwei Schwerverbrecher, die weit mehr ausgefressen zu haben schienen als den Entschluss, sich zu trennen – und das recht friedlich wohlgemerkt. Ich fand die Situation furchtbar beklemmend und erdrückend.

Das Wetter passte zur Situation: Draußen vor dem Gerichtsgebäude war es Ende November. Es heulte der Sturm, der Schneegriesel kam uns quer ins Gesicht geflogen und alles innen und außen war äußerst grau in grau. Damit meine ich auch die Gemütslage. Dennoch war es die absolut richtige Entscheidung für uns beide zur richtigen Zeit. Ich habe diesen Schritt nicht bereut. Ich konnte mich im Umgang mit ihm nämlich selbst nicht mehr leiden. Es war damals höchste Zeit, die Reißleine zu ziehen.

Die Einzigen, die solch eine Situation nüchtern betrachtet erfreuen dürften, sind die Scheidungsanwälte. Sie verdienen sich mitunter eine goldene Nase mit jeder Ehe, die geschieden wird.

Die Menschen, die eine Scheidung tatsächlich betrifft, sind im doppelten Sinne arm dran. Nicht nur, dass sie ein emotionales Desaster erleben, auch finanziell könnte man sein Geld durchaus besser investieren. Aber an einigen Dingen im Leben und an manchen Rechnungen geht nun einmal kein Weg daran vorbei.

Als der Entertainer Thomas Gottschalk vor einigen Jahren beschloss, sich von seiner langjährigen Ehefrau Thea zu trennen und neue Wege zu gehen, ging ein Aufschrei durch die Boulevardpresse. Er hatte nach 42 gemeinsamen Ehejahren beschlossen, nicht bis ans Ende aller Tage mit seiner Frau zusammenbleiben zu wollen.

Mit über 70 Jahren hatte der »Wetten dass …?« Moderator eine neue Liebe gefunden. Für viele unfassbar. Wie kann man nur? In dem Alter!

Ich glaube nicht an Zufälle, sondern vielmehr an Schicksalsbegegnungen, die meistens einen tieferen Sinn haben. So kann es doch auch kein Zufall sein, dass ich »zufällig« in einem Kaufhaus in Berlin Thea Gottschalk treffe. An der Rolltreppe, beim Shopping machen, kurz nachdem ich dieses Kapitel schreibe.

Nun bin ich nicht gerade schüchtern. Das habe ich von meiner Familie mütterlicherseits geerbt, und sowieso bin ich selten zurückhaltenden Menschen mit Sternzeichen Stier begegnet. Also spreche ich Frau Gottschalk einfach an.

»Verzeihung, dass ich sie so einfach anspreche, aber sie sind doch Thea Gottschalk, oder?« – »Ja.« Ich begegne einer Frau, die sich fast freut, erkannt zu werden, habe ich das Gefühl. Wir kommen ins Plaudern und sie staunt nicht schlecht, als ich ihr erzähle, dass ich gerade von ihr in meinem Buch geschrieben habe.

Als ich das Wort »Trennung« sage, entgegnet sie mir: »Trennung ist gut, er hat mich eiskalt abserviert.«

Mehr will ich an dieser Stelle gar nicht sagen. Die ganze Geschichte steht in einschlägigen Boulevardblättern und ich möchte hier keinerlei Privatsphäre verletzen. Sie berichtet mir sehr Persönliches, und als ich mich am Ende entschuldige, sie einfach so angesprochen zu haben, entgegnet sie mir: »Aber nein, ich bin ja froh, wenn jemand nett zu mir ist.« Der Satz geht mir lange nach. Er bleibt bei mir hängen und ich verbinde damit, dass ich sie vielleicht einfach hätte in den Arm nehmen sollen, bevor sie die Rolltreppe mit ihren Tüten voller Shopping-Goods nach unten fuhr.

Frau Gottschalk ist nur eine Seite dieses Paares, eine Seite der Medaille. Die andere ist weitaus prominenter und mit seiner neuen Partnerin zusammen.

Zurück zu ihrer gemeinsamen Geschichte. In unserer Gesellschaft wird sehr schnell geurteilt und verurteilt. Es wird selten gesagt: »Wow, sie haben es geschafft, mehr als vier Jahrzehnte zusammenzubleiben, und gemeinsam ihre beiden Kinder großgezogen.« Inzwischen sind sie Großeltern. Nein, es wird viel mehr gewertet, dass sie es eben nicht geschafft haben, für immer den gemeinsamen Weg fortzusetzen.

Aber wo liegt hier der Fehler? Im Entschluss, neue Wege zu gehen, oder im System, dass uns vorgibt, es auszuhalten und nicht zu hinterfragen, ob eine andere Richtung vielleicht besser für uns wäre, uns glücklicher machen würde?

Warum sind wir meistens eher pessimistisch eingestellt und sehen auf das, was nicht geklappt hat, wie wir es uns vielleicht vorgestellt haben? Sollten wir uns nicht vielleicht viel eher darüber freuen, was wir bereits geschafft haben, welchen Weg wir gegangen sind und was wir zusammen erreicht haben?

Die Frage in unserem kleinen Kosmos rund herum sollte doch sein: Warum investieren wir in Menschen, die uns ganz offensichtlich Energie und Kraft rauben und uns nicht guttun?

Bitte versteh mich nicht falsch: Ich möchte dich an dieser Stelle weder dazu ermutigen, deine Scheidung einzureichen oder dich hier und heute von deinem Partner zu trennen, noch eine Freundschaft zu kündigen. Ich möchte dich lediglich dazu ermutigen, kritisch zu hinterfragen, inwiefern Menschen dich tatsächlich noch glücklich, aber vor allem zufrieden machen.

Hab Mut, dich mit Themen auseinanderzusetzen, die vielleicht zunächst einmal Verlust, Schmerz, Trauer verursachen können, aber sei zuversichtlich, dass am Ende etwas Gutes dabei herauskommen wird und du in die richtigen Werte und Menschen investierst.

Genauso möchte ich dich ermutigen, endlich diese Nachricht zu schreiben, die du schon so lange vor dir herschiebst, oder den Hörer in die Hand zu nehmen.

Ruf oder schreib deinem Freund, deiner Freundin auch wenn es Jahre her sein sollte, dass ihr euch das letzte Mal gesehen oder gesprochen habt. Trau dich, denn was soll schon passieren? Bestenfalls erweckst du eine Freundschaft zu neuem Leben, schlimmstenfalls bleibt alles so, wie es ist, oder er/sie möchte nichts mehr von dir wissen.

»Reich sind nur die, die wahre Freunde haben.«

Thomas Fuller

Aber wenn dir dieser Mensch nicht aus dem Kopf geht, dann investiere in ihn, wie lange der letzte Kontakt auch her sein mag. Du wirst dir vermutlich keinen Zacken aus der Krone brechen. Es ist nicht zu spät für den Neuanfang.

Schon Martin Luther hat gesagt: »Wenn ich wüsste, dass morgen die Welt unterginge, würde ich heute noch ein Apfelbäumchen pflanzen.«

Jeder Tag ist ein Neubeginn – auch zwischenmenschlich.

Auch hier fällt mir eine Anekdote eines sehr hochbetagten Paares ein. Es ist die wunderschöne und wahre Liebesgeschichte zweier älterer Menschen, die sich im Altenheim über den Weg liefen. Er war 90 Jahre alt, sie stolze 92. Beide von ihnen waren jeweils 60 Jahre mit ihren Ehepartnern verheiratet, als der jeweilige andere Partner verstarb. Statt zu verzagen und in Schmerz und Trauer zu verfallen, fanden sie zueinander.

Sie sagte einmal zu mir: »Ich habe mich in ihn verliebt, als er so wunderbar Klavier gespielt hat.« Als noch anrührender empfand ich den Satz der 92-Jährigen: »Ich hätte ja nicht geglaubt, dass es so etwas mit über 90 noch gibt, aber ich liebe ihn so wie ein Teenager. Mit Kribbeln im Bauch und allem Drum und Dran.«

Tatsächlich wurde aus den beiden im Altersheim ein Liebespaar. Herrlich war es mitanzusehen, wie eifersüchtig manche, ältere Dame war, denn der Herr war ein großer, stattlicher Mann mit vollem weißen Haar, äußerst charmant und zog auch mit 90 Jahren immer noch viele Blicke der Damenwelt auf sich. Erst recht, da Männer im Altersheim Mangelware sind, weil Frauen deutlich älter werden.

So verbrachten diese »Turteltäubchen« dann ihren Lebensabend mit Rollator-Runden um den Block oder Kaffeefahrten in die Umgebung. Sie waren Händchen haltend (im wahrsten Sinne des Wortes) noch wunderbare fünf Jahre zusammen, bis er schließlich mit 95 Jahren verstarb. Am Totenbett sagte die alte Dame: »Ich habe ihn mehr geliebt als meinen eigenen Ehemann, mit dem ich 60 Jahre lang verheiratet war.«

Dieser Satz begleitet mich seit diesem Tag. Sollte er uns nicht zu denken geben, mit welchen Menschen wir unsere Zeit verbringen und wie lange? Sollte er uns nicht klarmachen, in wen wir wirklich investieren möchten und wer uns wirklich glücklich macht?

Nachwort

»In der Schule fragte man mich, was ich werden wolle, wenn ich groß werde. Ich schrieb: ›Glücklich sein!‹ Sie sagten mir, ich hätte die Aufgabe nicht verstanden, und ich sagte ihnen, sie hätten das Leben nicht verstanden.«

John Lennon

Du hast es geschafft und mein Erstlingswerk gelesen. Dafür möchte ich dir herzlich danken. Ich hoffe, mein Buch hat dich nachdenklich gemacht, dich schmunzeln lassen und inspiriert.

Erfreue dich an den kleinen und kostbaren Dingen des Lebens, die du Tag für Tag geschenkt bekommst. Denn die kostbarsten Dinge sind oftmals gar keine Dinge. Das Grün der Natur, der Kranichzug über deinem Kopf zum Wechsel der Jahreszeiten, eine duftende Rose, ein Sonnenuntergang oder eben das Schwimmen im Meer.

Vielleicht würdest du das alles gar nicht zu schätzen wissen, wenn du an anderer Stelle nicht hart für dein Geld arbeiten müsstest, um über die Runden zu kommen. Wie bei so vielen Dingen im Leben kommt es auf die gesunde Mischung an. Auf das Ying und das Yang, den Wechsel zwischen Anspannen und Entspannen.

Wenn nur ein Bruchteil meines Buches dir helfen kann, ein erfüllteres Leben zu leben, dich körperlich und geistig fit zu halten, und Anreiz dafür ist, in die wirklich wichtigen Sachen im Leben zu investieren, dann bin ich zufrieden. Dann ist es wie bei einem Navigationssystem: »Du hast dein Ziel erreicht!«

Ich halte es zum Schluss ähnlich wie Herr Herbst, der Heilpraktiker, bei meinem ersten Besuch bei ihm: »Ich kann dir nichts
versprechen, aber ich glaube, wir kriegen das hin!«

Danke

Mein erster Dank geht an den FinanzBuch Verlag, allen voran Friederike und Georg, die im Mai 2022 auf mich zugekommen sind und sich im Sommer in München von meiner Idee überzeugen ließen, kein klassisches Finanzbuch zu schreiben.

Ich danke dem ZDF und allen, die dort meine Wege gekreuzt haben und zu diesem Buch bewusst oder unbewusst beigetragen haben. Seit mehr als 20 Jahren ist das Zweite Deutsche Fernsehen meine berufliche Heimat. Dank an alle, die ein offenes Ohr für mich haben, meine Freunde geworden sind, mich angespornt und gefördert haben. Es sind weit mehr als diese Handvoll, aber ich beschränke mich hier auf René, Roman, Klaus und Andy: »Sinsche, um dich mach ich mir die wenigsten Sorgen!«

Ich danke dem Meer, da es mir immer zu reinsten Glücksgefühlen, Leichtigkeit und Schwerelosigkeit verhilft. Danke und Grüße an den Bodensee und nach Ravensburg: »Dort studieren (und schreiben), wo andere Urlaub machen«, sage ich nur.

Danke, Herr »Herbst«, dass Sie mir in all den Jahren immer wieder den Rücken stärken und mir so viele Erkenntnisse fürs Leben vermittelt haben.

Ich danke Michael für die Motivation, Inspiration und die richtigen Gespräche am richtigen Ort zur richtigen Zeit.

Herzlichen Dank an meine Freundinnen und Freunde, ihr seid für mich wahrer und beständiger Reichtum. Danke für die vielen Ideen rund ums Buch und eure Unterstützung. Unsere Gespräche haben viel zum Inhalt dieses Buches beigetragen.

Danke, Ralf R., Clara, Pieter, Siglinde für inzwischen gemeinsame Jahrzehnte Freundschaft und ein Nusskuchenpaket nach Ravensburg.

Danke, Auxi und Marc, Nik, Marion, Nadja, Sabs, Christina H., Christina »König«, und Mmmicky. Ihr alle habt immer an mich geglaubt, mich ermuntert und seid die, auf die ich zählen kann.

Danke, Omi und Opa im Himmel! Ihr habt für so vieles den Grundstein gelegt und sitzt jetzt hoffentlich auf eurer Wolke, trinkt Kaffee und schmökert in meinem Buch.

Danke, Mami und Papi! Wenn ihr das Buch in den Händen haltet, sagt ihr beide: »Wir sind ganz stolz auf dich.« Danke, dass ihr mir ein Nest gegeben habt, in das ich immer voller Liebe zurückkehren kann.

Mein größter Dank aus tiefstem Herzen geht an M.E.N. für eure Liebe, das Lachen und die Inspiration Tag für Tag.

MONEYMAKERS

Aya Jaff

MONEYMAKERS zeigt, wie junge Leute den Schritt an die Börse schaffen und welche Anlagestrategien ihnen am besten zum Erfolg verhelfen. Sie erfahren, wie man im Internet nach den richtigen Informationen sucht, online investiert und welche Apps sinnvolle Begleiter sind. MONEYMAKERS zeigt nicht nur Chancen auf, sondern erläutert anhand von Alltagsbeispielen, warum sich junge Leute mit dem Thema Wirtschaft und Börse beschäftigen sollten. Viele Interviews von bereits erfolgreichen Anlegern und Unternehmern wie Tim Draper, einem der angesehensten Investoren im Silicon Valley, bieten zudem einen interessanten Einblick in deren Alltag – mit handfesten Tipps der Profis. Ein absolutes Must-read für junge Leute, die Börse und Co. verstehen und endlich mitmischen wollen!

240 Seiten I Softcover I 16,99 € (D) I ISBN 978-3-95972-022-9

Life to the Max

Philipp Maximilian Scharpenack

Philipp Maximilian Scharpenack nimmt den Leser mit auf seine abenteuerliche Lebensreise, die ihn zu dem Punkt brachte, an dem er heute steht. Mit Anfang 30 arbeitet er vier Stunden in der Woche und ist finanziell komplett unabhängig. Doch auch er startete zunächst mit nichts außer Schulden, Mut und dem unbändigen Willen etwas zu erreichen. Er wanderte nach China aus, um dort völlig ohne Kapital sein erstes Unternehmen zu gründen. Es folgte der Aufbau der Netzwerkveranstaltung »Gründerpokern«, der deutschlandweit bekannten Eismarke »Suck It«, eines Immobilienportfolios, das Management eines Pokersuperstars – und jede Menge Abenteuer, die ihn um die ganze Welt führten.

256 Seiten | Softcover | 17,99 € (D) | 18,50 € (A) | ISBN 978-3-95972-315-2

Rebellion im Hamsterrad

Niclas Lahmer

Im Ferrari die Küste der Algarve hinunterfahren, in der First Class für den Preis der Holzklasse fliegen und mit 5 Stunden Arbeit mehr Geld verdienen als die meisten Manager mit einer 70-Stunden-Woche –wer will das nicht? Die Möglichkeit, das Leben außerhalb des Gewöhnlichen zu erleben, dem alltäglichen Hamsterrad zu entkommen, bleibt den meisten verwehrt. Doch das muss nicht sein! Niclas Lahmer zeigt in seinem neuen Buch, wie Sie mehr finanzielle und persönliche Freiheit erlangen können, indem Sie sich aus den Zwängen gesellschaftlicher Glaubenssätze befreien. Raus aus der Knechtschaft des Geistes, des Konsums, des Kapitals und der Zeit, damit mehr Zeit für das Wesentliche und für ein erfülltes Leben bleibt!

320 Seiten | Hardcover | 18,99 € (D) | ISBN 978-3-95972-268-1

Living a Selfmade Life

Torben Platzer

Mit 27 Jahren sitzt Torben in seiner 1,5-Zimmer-Bude in Olden-
burg und hat bis dahin alles gemacht, was seine Eltern von ihm
erwarteten: Abitur und Studium. Dann bricht er aus dem vor-
gezeichneten Leben aus, um seinen eigenen Weg zu gehen. Er
erkennt die Chancen von Internet und Social Media, baut sich
selbst zur Marke auf und macht einen Umsatz in Millionenhöhe.
In seinem Buch spricht er offen über seine Fehler, Ängste und
den Mut, Träume zu leben. Sein Ziel ist es, besonders jungen
Menschen zu zeigen, dass der Glaube an sich selbst und die
konsequente Umsetzung von Ideen sie langfristig auch außerhalb
der Systemgrenzen glücklich machen können.

224 Seiten | Softcover | 18,99 € (D) | 19,60 € (A) | ISBN 978-3-95972-369-5